담배수요감소의 경제적 편익 분석

담배수요감소의 경제적 편익 분석

김원년 · 서정하 · 이진석 著

한국학술정보[주]

머리말

2004년 연말, 정부는 흡연 감소를 목적으로 국내 담배가격을 소비자 가격 기준으로 500원 인상하였다. 이 같은 담배가격인상은 그동안 국내에서 이루어졌던 담배가격인상 중에서 인상폭이 가장 큰 것으로 흡연 감소에 지속적으로 기여하고 있다. 남성흡연율은 2004년 9월에 57.8%에서 2005년 3월 53.3% 2005년 6월 52.3% 2005년 9월 50.3% 2005년 12월 52.3% 2006년 3월 49.2% 그리고 2006년 6월에는 47.5%로 감소추세를 보이고 있다. 이와 같은 흡연감소추세는 지난 수년 동안 보건복지부를 중심으로 정부가 추진해 온 가격정책 및 비가격정책의 누적적인 효과가 장기적으로 나타나는 것으로 이해된다. 이 책은 2004년 말의 정부가 담뱃값을 500원 인상한 효과를 인상 후 1개월, 3개월 및 6개월 후까지 추적 관찰한 내용을 중심으로 담배 수요 감소의 장기 및 단기 경제적 편익과 효과를 추정한 것이다. 즉 이 책은 흡연자 700명 및 비흡연자 300명을 선정하여 가격인상 후 흡연 행태의 변화를 조사한 내용을 중심으로 가격인상의 결과로 야기되는 수요변화의 추세와 그로 인한 경제적 편익의 추정에 관한 내용을 포함한다.

서론에서는 연구의 배경, 필요성, 목적, 연구의 주 내용 범위 및 방법 등을 서술한다. 제2장에서는 국내외 담배가격인상의 수요 감소 효과 분석과 그 경제적 편익추정의 연구 현황을 살펴본다. 국내흡연 현황과 피해규모 가격인상의 흡연 중단 효과 흡연 중단의 경제적 편익추정 담배가격인상의 수요탄력성 추정사례들을 구체적으로 요약하고 후생복지 선진국들의 담배품목에 대한 소비자 물가지수 정책도 아울러 살펴본다. 제3장에서는 2004년 말 정부가 담뱃값을 500원 인상한 후 흡연자 700명 비흡연자 300명에 대한 흡연 행태의 변화를 추적 설문조사한 내용을 서술한다. 흡연자 및 비흡연자의 일반적인 특성과 함께 조사 시기(가격 인상 1개월 후, 3개월 후, 및 6개월 후)에 따라 연령별 소득수준별 직업별 흡연 상태의 변화를 서술한다. 제4장에서는 담배가격 변화에 따른 수요변화를 가격탄력성의 추정을 통하여 분석한다. 단기적으로는 흡연자와 비흡연자에 대한 추적 설문조사자료를 활용하여 중심으로 담배수요함수를 추정하고 장기적으로 도시가계 지출자료를 활용하여 담배수요함수를 추정한 후 그 결과로부터 담배수요의 가격탄력성들을 추정하여 비교한다. 제5장에서는 가격인상으로 인한 흡연율 감소로부터 질병발생감소와 의료비 및 생산성 손실 절감규모를 추정한다. 뇌졸중, 급성심근경색, 암 등 흡연과 직접적인 연관이 있는 질병을 중심으로 조기사망 감소에 따른 그 경제적 편익을 시뮬레이션 모형의 변수추정을 통하여 살펴본다. 제6장에서는 프랑스 벨기에 이탈리아 등 건강 선진국들에서 담배를 소비자 물가지수에서 제외시켜 후생복지정책에 활용하는 사례와 건강물가지수의 국내 적용가능성 및 방안을 살펴본다. 마지막으로 제7장에서 이상의 분석결과와 그 정책적 함의를 요약한다.

이 책은 2002년 이후 저자들의 담배가격 정책의 효과에 대한 연구를 종합한 것이다. 보건복지부에서 주관하는 국민 건강 증진 기금에 의하여 수행된 2002년의 담배가격 설정이 국민 건강에 미치는 효과에 관한 연구(김원년 이충렬)에 이어 2005년의 금연 정책의 분석에 관한 연구(김원년 이진석) 그리고 2006년의 흡연율 감소에 따른 경제적 단기 편익 분석(김원년 서정하 이진석)의 연구 내용이 이 책에 전반적으로 포함되어 있다. 연구의 결과를 홍보하고 정책을 실증적인 분석결과로 뒷받침하는 데 연구자의 기쁨이 있다. 연구가 가능하도록 지원해준 보건복지부 한국보건사회연구원 건강증진기금 사업지원단 여러분들에게 심심한 감사한 마음이 그지없다.

흡연은 연간 4만여 명을 사망케 하고 그로 인한 사회경제적 부담은 10조원 이상으로 추산되고 있다. 흡연의 폐해를 줄이기 위하여 정부는 2010년까지 성인 남성흡연율을 30%까지 낮추려고 한다. 이를 위하여 정부는 2005년에 정치적 요인으로 실패한 담배가격의 추가인상을 금년에 계속 추진하고 있다. 이 책의 내용들은 담배가격인상을 통한 흡연 감소 정책을 뒷받침하고 있다. 국제적으로도 세계보건기구의 담배규제기본협약에서 담배가격인상은 금연구역확대, 담배경고문구 강화, 담배 광고 판촉 후원 행위규제강화, 다양한 금연 프로그램 등의 비가격정책들과 함께 가장 효율적인 정책으로 권고되고 있다. 아무쪼록 이 책이 흡연감소를 통한 국민 건강 증진 정책의 추진에 다소나마 이바지하기를 바라면서 저자들은 연구보고서의 작성과 편집에 애써 준 고려대학교 박사 과정생 김양중 석사 과정생 강현구 이종하 그리고 학부생 송영찬 군에게 감사를 표한다. 아울러 이 책을 기꺼이 출간해준 한국학술정보(주)에 매우 감사드리며 내용의 미흡한 부분들은 저자들의 허물임을 밝히는 바이다.

차 례

표 차례

그림차례

제1장 서 론

제1절 연구의 배경 및 필요성

1. 흡연 행태 추적관찰 조사의 필요성

2004년 연말, 정부는 흡연 감소를 목적으로 국내 담배가격을 소비자 가격 기준으로 500원 인상하였다. 이 같은 담배가격인상은 그동안 국내에서 이루어졌던 담배가격인상 중에서 인상폭이 가장 큰 것으로 흡연 감소에 크게 기여할 것으로 기대되고 있다.

실제로 보건복지부가 담배가격인상 3개월 후인 올 4월 초에 실시한 전국 흡연율 표본조사에서는 성인 남성 흡연율이 53.3%인 것으로 나타나, 지난해 9월의 57.8%에 비해 흡연율이 4.5%p 감소한 것으로 나타났다. 담배가격인상 2주 전과 인상 4주 후에 실시한 남성 흡연자 대상 패널조사에서도 성인 남성 흡연자의 8.3%가 금연을 하였고, 이들 금연자의 73.2%가 담배가격인상의 영향을 받았다고 응답하였다. 이에 반해 KT&G는 자체적으로 실시한 흡연율 조사결과를 토대로 담배가격인상을 통한 흡연 감소 효과가 크지 않으며, 가격인상 후 시간 경과에 따라 흡연 감소효과가 줄어들고 있다는 결과를 발표하기도 했다. KT&G의 결과는 흡연율 기준 시점 설정과 방법론상의 문제에도 불구하고, 금번 담배가격인상의 효과에 대한 논란을 불러일으킨 것이 사실이다.

담배가격인상을 통한 흡연 감소 효과를 보다 객관적으로 추정하기 위해서는 최소 6개월 이상의 시간이 경과한 시점에서 흡연

실태를 파악하는 것이 필요하다. 기존 국내외 연구와 경험을 통해 볼 때, 담배가격인상이나 금연보조제 등을 포함한 금연사업의 효과는 사업 직후에 가장 높은 수준으로 나타났다가 6개월 시점까지 점차적으로 감소하며, 그 이후에는 일정 수준을 유지하는 것으로 보고되고 있다.

일정 기간이 경과한 이후의 흡연 감소효과를 추정하기 위해서는 무작위 추출을 통한 흡연율 조사와 가격인상 전 흡연자를 대상으로 한 패널조사를 병행할 필요가 있다. 전자의 조사를 통해서는 해당 시점의 전국 흡연율 실태를 파악할 수 있으나, 흡연자 개인의 변화 상태에 대해서는 파악할 수 없다. 따라서 흡연자 개인을 대상으로 한 추적관찰 조사를 통해 흡연자의 흡연 상태 변화를 파악함으로써 향후 금연사업의 접근전략을 설정하는 근거를 마련할 필요가 있다.

2. 담배가격인상에 따른 흡연율 감소의 경제적 편익 추정

그동안 흡연으로 인한 질병 추가 발생 규모를 산출한 연구는 이미 다양하게 이루어졌다. 그러나 흡연으로 인한 질병 추가 발생 규모와 흡연 중단으로 인한 질병 감소 규모는 일치하지 않는다. 흡연을 중단하더라도 질병 발생 위험이 흡연 경험이 전혀 없는 비흡연자 수준으로 하락하지 않는 질병이 다수 있을 뿐 아니라, 질병 발생 위험의 감소 효과도 흡연 중단 기간에 따라 점차적으로 발생하기 때문이다.

　그러나 아직까지 흡연 중단의 질병 발생 감소와 의료비 절감 규모에 대한 연구는 많지 않은 편이다. Mulder 등(2002)은 2015년까지 유럽 각국의 흡연율이 20% 수준으로 감소되면, 췌장암 발생자 수가 남성의 경우 29,500명, 여성의 경우 9,500명이 줄어드는 것으로 추정하였다[1]. Lightwood와 Glantz(1997)는 흡연율이 1% 감소하는 경우와 매년 1%씩 감소하는 경우에 예방할 수 있는 급성심근경색과 뇌졸중 환자 입원 규모와 의료비 절감액을 추정하였다[2]. 이 연구 결과에 따르면, 흡연율을 1% 감소할 경우, 미국의 급성심근경색과 뇌졸중 입원은 첫해 각각 924명과 538명 감소하며, 7년 후에는 감소 규모가 연간 3,234명과 1,669명에 달하는 것으로 나타났다. 또한 입원 감소를 통해 절감할 수 있는 직접 의료비용도 첫해 4,400만 달러, 7년 누적 기준으로는 약 9억 3,300만 달러에 달하는 것으로 나타났다. 그리고 흡연율을 매년 1%씩 감소할 경우, 7년 후 급성심근경색과 뇌졸중 입원은 각각 18,356명, 9,729명이 감소하며, 이를 통해 절감할 수 있는 직접 의료비용도 7년 누적 기준으로 32억 500만 달러에 달하는 것으로 나타났다.

　최근 흡연 중단의 효과가 비교적 즉각적으로 나타나는 질환을 대상으로 한 연구의 중요성이 제기되고 있다. 암이나 만성호흡기

---

1) Mulder I, Hoogenveen RT, van Genugten MLL, Lankisch PG, Lowenfels AB, de Hollander AE, Bueno-de-Mesquita HB. Smoking cessation would substantially reduce the future incidence of pancreatic cancer in the European Union. Eur J Gastroenterol Hepatol 2002;14:1343-53

2) Lightwood JM, Glantz SA. Short-term economic and health benefits of smoking cessation: Myocardial infarction and stroke. Circulation 1997;96:1089-96

계 질환 등의 질환은 금연정책으로 인한 흡연 중단 시점과 효과 발현 시점 간의 시간적 간극이 크기 때문에 이들 질환을 예방하기 위해 이루어지는 금연사업에 대한 투자는 생산적이지 않은 것으로 여겨지는 경우가 흔히 있다(USDHHS, 1990)[3]. 현재의 금연정책에 대한 결정 권한을 가지는 정책결정그룹은 단기간에 달성될 정책 효과에 더 많은 우선순위를 두는 경향이 있기 때문이다. 따라서 현재의 금연정책 결정을 지원하기 위해서는 문제의 크기와 심각성이 큰 암이나 만성호흡기계 질환과 함께 질병 발생 감소 효과가 즉각적으로 발생하는 질환을 포괄하는 연구가 필요하다.

3. 담배와 소비자물가지수의 관계에 대한 검토

보건복지부는 2004년 말에 이루어진 담배가격인상에 이어, 추가적인 담배가격인상을 시행할 예정이다. 담배가격인상정책은 흡연 감소를 위한 매우 효과적인 정책으로 세계보건기구와 세계은행 등이 적극 권장하고 있는 정책이다. 그러나 담배가격인상에 대한 반대 여론도 적지 않은 것이 현실이다.

특히, 담배가격인상이 소비자물가에 미치는 영향에 대한 우려가 적지 않다. 실제로 2003년 가격기준으로 담배가격을 500원 인상할 경우, 소비자물가 인상 효과가 0.33%p에 이르는 것으로 나타나 담배가격인상이 소비자물가에 미치는 영향이 큰 것으로 나

---

3) USDHHS. The health benefits of smoking cessation: A report of the Surgeon General, 1990. Washington, DC: Government Printing Office, 1990

타났다(김용익 등, 2003)[4]. 향후 추가적인 담배가격인상을 추진할 때, 소비자물가에 미치는 영향이 다시금 논란의 주제가 될 것으로 예상된다.

세계보건기구와 세계은행은 담배를 소비자물가지수 대상에서 제외할 것을 권고하고 있다. 실제로 일부 유럽국가에서는 담배를 소비자물가지수에서 제외한 '건강물가지수'를 활용하고 있는데, 이는 담배가격인상을 통한 물가 부담보다는 담배로 인한 경제적 손실의 규모가 훨씬 크기 때문이다.

이에 우리나라에서도 담배와 소비자물가지수의 관계에 대한 재검토가 필요하다. 담배가 소비자물가지수에서 차지하는 가중치가 적절한 수준인지의 여부와 함께 일부 유럽국가에서 적용하고 있는 '건강물가지수'의 적용 가능성에 대한 검토가 필요할 것이다. 이를 통해 향후 추가적인 담배가격인상 정책의 근거를 확인할 필요가 있다.

제2절 연구 목적

본 연구의 목적은 2004년 말에 이루어진 담배가격인상 정책의 효과를 분석함으로써 향후 추가적인 금연정책의 기반을 마련하는 것이다. 이를 위한 구체적인 목표는 다음과 같다.

첫째, 흡연자 개인을 대상으로 담배가격인상 이후의 흡연 상태

---

4) 김용익, 이규식, 황성현, 강광하. 담배가격인상과 재원활용방안. 보건복지부. 2003

변화를 추적 관찰하여 흡연 중단과 흡연량 감소 현황을 파악한
다. 둘째, 심혈관계질환, 뇌혈관계질환 등 흡연 중단의 효과가 즉
각적으로 발생하는 질환과 흡연 중단의 효과가 장기적으로 발생
하는 질환을 대상으로 흡연 중단에 따른 경제적 편익을 분석한
다. 셋째, 국내 소비자물가지수에서 담배가 차지하는 가중치의 적
정성을 국제 비교를 통해 파악한다. 넷째, 외국 사례 분석을 통해
소비자물가지수에서 담배를 제외하는 '건강물가지수'의 국내 적용
가능성을 검토한다.

이상을 통해 2004년 연말의 담배가격인상 정책의 효과를 객관
적으로 파악하고, 이의 경제적 편익을 계량화하며, 소비자물가지
수와의 관계와 개선방안을 제시함으로써 향후 담배가격 정책 추
진의 근거를 마련하는 것을 연구의 최종목표이다.

제3절 연구내용 및 범위

1. 담배가격인상 정책의 흡연 감소효과에 대한 패널 분석

가. 흡연 상태 변화의 유형 및 크기 분석

담배가격인상 2주 전, 인상 4주 후에 실시한 남성 흡연자 패널
조사자를 대상으로 담배가격인상 3개월 후, 6개월 후의 흡연 상
태 변화를 추적 관찰한다. 흡연 상태 변화는 다음 그림과 같은

형태로 이루어질 것이다. 시계열별로 흡연 중단자와 흡연량 감소자, 그리고 신규 흡연자의 규모와 변화 양상을 파악한다.

〈그림 Ⅰ-1〉 흡연 상태 변화 유형

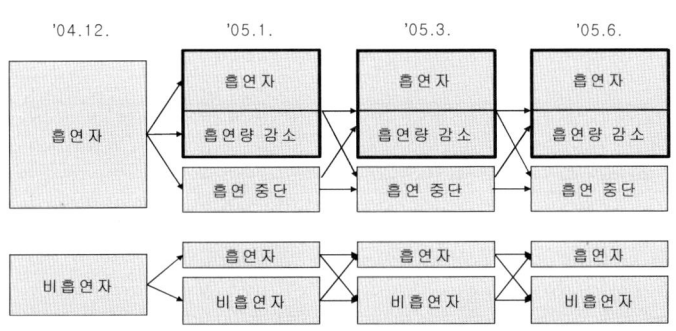

나. 흡연 상태 변화에 영향을 미친 요인 분석

연령, 교육수준, 소득수준, 흡연력 등과 같은 인구－사회경제적 요인에 따른 흡연 상태 변화의 차이를 분석한다. 그리고 담배가격인상이 흡연 상태 변화에 미친 영향을 분석한다.

2. 담배가격인상에 따른 흡연 중단의 경제적 편익 분석

흡연 중단의 효과가 즉각적으로 발생하는 급성심근경색증과 뇌졸중, 그리고 장기적으로 발생하는 암을 대상으로 흡연 중단에 따른 질병 발생 감소 규모와 이에 따른 경제적 편익 효과를 추정한다.

〈그림 I-2〉흡연 중단에 따른 질병 발생의 상대위험도
감소(급성심근경색, 뇌졸중)

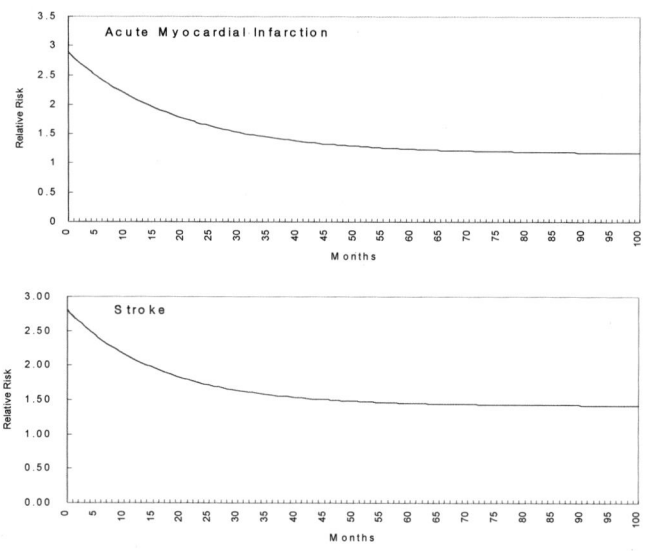

3. 담배와 소비자물가지수의 관계 분석 및 개선방안

가. 소비자물가지수에서 담배가 차지하는 비중의 적정성 분석

국내외 소비자물가지수를 비교하여 국내 소비자물가지수에서
담배가 차지하는 비중의 적정성을 분석한다.

나. '건강물가지수'에 대한 국외 현황 및 국내 적용 가능성 검토

담배를 소비자물가지수에서 제외한 프랑스, 룩셈부르크, 벨기

에 등의 사례 분석을 통해 '건강물가지수' 도입 배경과 활용 현황을 파악한다. 그리고 '건강물가지수'의 국내 적용 가능성을 평가하고, '건강물가지수' 적용 시 기대효과를 분석한다.

제4절 연구 방법

1. 담배가격인상 정책의 흡연 감소효과에 대한 패널 분석

담배가격인상 2주 전에 구축되어 담배가격인상 4주 후에 조사가 실시된 성인 남성 흡연자(700명)/비흡연자(300명) 패널을 활용하여 담배가격인상 3개월 후와 6개월 후의 흡연 상태 변화를 전화설문으로 조사한다.

〈그림 Ⅰ-3〉 담배가격인상에 따른 흡연 상태 변화
패널조사의 틀

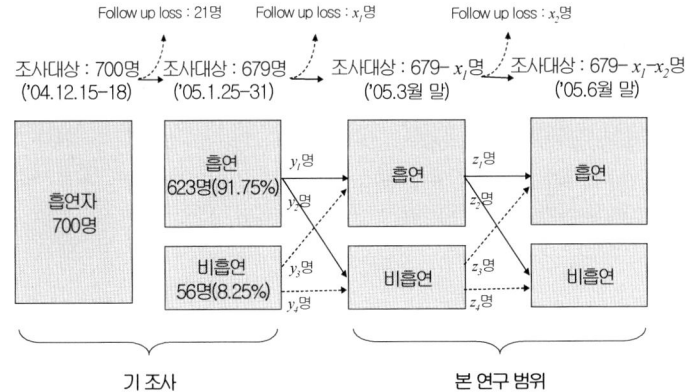

2. 담배가격인상에 따른 흡연 중단의 경제적 편익 분석

Lightwood와 Glantz(1997)의 연구에서 적용한 시뮬레이션 모형을 활용하여 흡연 중단에 따른 연차별 질병 발생 감소 및 이에 따른 경제적 편익 규모를 산출한다. 시뮬레이션 실행의 단계는 다음 그림과 같다.

〈그림 Ⅰ-4〉 시뮬레이션 실행 과정

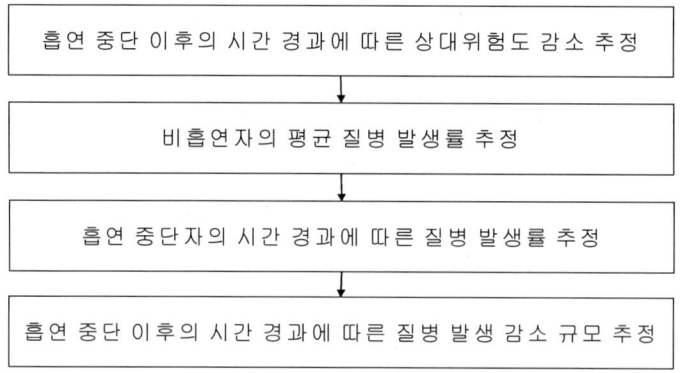

3. 담배와 소비자물가지수의 관계 분석 및 개선방안

유럽연합의 통계청인 Eurostat에서는 유럽 각국의 소비자물가지수 현황을 제공하고 있다. 특히, 소비자물가지수의 국제 비교를 위해 Harmonized indices of consumer prices(HICP)를 산출하여 제공하고 있다. 유럽국가 외에도 각국의 통계청에서는 소비자물

가지수 현황과 담배의 가중치에 대한 정보를 제공하고 있다. 이
같은 자료를 통해 각국의 소비자물가지수에서 담배가 차지하는
가중치를 파악하고, 국내 현황과 비교 분석한다. 또한 외국의 문
헌조사를 통해 각국의 '건강물가지수' 도입 배경과 활용현황을 파
악하고, 국내 소비자물가지수에서 '담배'를 제외할 경우의 효과에
대해 검토한다.

제2장 국내외 연구 현황

제1절 국내 흡연 현황과 흡연 감소의 경제적 편익 분석

1. 국내 흡연 현황과 피해 규모

우리나라의 성인 남성 흡연율과 흡연량은 1990년대 중반을 정점으로 점차 하락하는 추세를 보이고 있다. 성인 남성 흡연율은 1970년대에 80% 수준으로 최고조에 달하였으며, 1990년대 중반까지 70%대를 유지하다가 1990년대 후반에 이르러 60%대에 진입하였다. 그리고 성인 일인당 담배소비량은 1993년에 최고 수준에 도달한 이래 점차 감소하고 있다. 그러나 우리나라의 성인 남성 흡연율은 2004년 현재 57.8%로 OECD 국가 중에서 여전히 최고 수치를 기록하고 있다(보건복지부, 2005)[5].

1990년대 중반 이후의 흡연율 감소는 주로 장년층의 흡연율 감소에 기인한 것이다(김용익, 2003[6]). 한국갤럽의 연도별 흡연율 조사 결과에 따르면, 2004년 현재 20대와 30대의 남성 흡연율은 65.8%와 60.8%로 성인 남성 평균 흡연율을 상회하고 있으며, 흡연율 감소도 장년층에 비해 더딘 것으로 나타나고 있다. 이 같은 젊은 연령층의 높은 흡연율은 향후 우리나라의 흡연율을 높은 수준으로 유지시키는 중요한 요인으로 작용할 전망이다.

기존 연구에 따르면, 흡연으로 인한 질병 피해는 20여 년 전의 담배 소비량을 따라가는 것으로 알려져 있다(Gajalakshmi et al.,

---

5) 보건복지부. 담배가격인상 효과. 보도자료. 2005.4.11.
6) 김용익. 담배가격과 건강증진. 국립암센터 금연심포지엄. 2003

36

2000)[7]. 미국의 경우, 1950년대 이후 일인당 담배 소비량이 안정
화된 이후에도 폐암 발생률을 계속 증가해서 1980년대에 이르러
1940년대의 11배 수준에 달하게 되었다. 미국에서 폐암 사망률이
안정화된 때는 흡연율이 감소한 지 20여 년 이상이 지난 후였다.
일본의 경우에도 2차 대전 후 흡연율이 급격히 증가하기 시작해
서 1960년대에 정점에 도달한 후 흡연율은 감소 추세를 보이고
있으나, 폐암 발생률은 여전히 증가하고 있는 중이다(World Bank,
2000)[8]. 따라서 국내의 경우에도 흡연으로 인한 질병 피해가 최
소한 2020년대까지는 지속적으로 증가하면서 미래의 국민의료비
급증을 부추길 것으로 전망된다. 특히, 젊은 연령층의 흡연율을
획기적으로 감소시키지 않는다면 흡연으로 인한 질병 피해가 최
고조에 달하는 기간은 더욱 연장될 것으로 예상된다.

흡연으로 인한 보건학적, 경제적 손실은 이미 국내외의 많은 연구
를 통해 보고되고 있다. 선진국의 경우, 전체 사망의 28%, 전체 암
사망의 35%, 그리고 폐암 사망의 89%가 흡연으로 인한 것으로 추정
된다(Peto, 1994). 또한 흡연으로 인한 질병 치료에 사용되는 비용이
전체 의료비의 최소 6~8%에 이르는 것으로 알려져 있다(Warner et
al., 1999)[9]. 국내의 경우에도 흡연으로 인한 보건학적, 경제적 손실

---

7) Gajalakshmi CK, Jha P, Ranson K, Nguyen S. Global patterns of smoking
   and smoking attributable mortality. Tobacco control in developing countries.
   World Bank. 2000

8) World Bank. Gajalakshmi CK, Jha P, Ranson K, Nguyen. Global patterns
   of smoking attributable mortality. Tobacco control in developing countries.
   20008) Peto R. Smoking and death: the past 40 years and the next 40.
   BMJ 1994;309:937-9

9) Warner KE, Hodgson TA, Carroll CE. The medical costs of smoking in the

은 이미 천문학적인 수준이다. 김태현 등(2000)의 연구에 따르면, 흡연기여사망자 수는 남성 8,090~10,085명, 여성 527~719명에 달하며, 흡연 관련 질환으로 사망한 경우의 생산성 손실은 2,986~3,835억 원, 흡연 관련 질환 치료로 인한 생산성 손실은 3,355~4,297억 원에 달하는 것으로 나타났다[10]. 김한중 등(2001)은 흡연으로 인한 직접 의료비용이 1998년 한 해 동안 약 2,331억 원, 직접 비의료비용은 327억 원에 달하며, 흡연 관련 질환 치료로 인한 경제적 비용은 약 691억 원, 조기사망에 대한 경제적 비용은 약 3조7,699억 원으로 추정하였다[11]. 최근에 이루어진 지선하(2005)의 연구 결과에 따르면, 2003년 한 해 동안 흡연으로 인한 사망자 수는 46,208명에 달하며, 1981년부터 2003년까지의 누적 사망자 수는 913,935명에 이르는 것으로 나타났다. 그리고 2003년 한 해 동안의 흡연으로 인한 진료비 지출은 4,137억 원에 이르는 것으로 추정하였다[12].

United States: Estimates, their validity, and their implications. Tobacco Control 1999;8:290-300

10) 김태현, 문옥륜, 김병익. 흡연으로 인한 생산성 손실 추정. 보건행정학회지 2000;10(3):169-87

11) 김한중, 박태규, 지선하, 강혜영, 남정모. 흡연의 사회경제적 비용 분석. 예방의학회지 2001;34(3):183-90

12) 지선하. 한국의 흡연과 암 발생 역학 및 Social burden. 대한암예방학회 Smoking 국제 심포지엄. 2005

2. 금연정책의 흡연 중단 효과

정부는 2010년까지 성인남성 흡연율을 30%까지 낮추는 것을 목표로 강력한 금연정책을 추진하고 있다(보건복지부, 2002)[13]. 특히, 성인 남성 흡연율을 2006년까지 40%대로 낮추는 것을 목표로 2004년 말에 담배가격인상을 단행하였으며, 2005년 하반기 중으로 추가적인 담배가격인상을 추진하고 있다.

정부는 흡연율을 낮추기 위해 담배가격인상이라는 가격정책과 함께 금연구역 확대, 금연교육 및 홍보 등의 비가격정책을 시행하고 있다. 2003년 4월, 금연구역을 병원, 어린이집, 학교, 대형식당, 열차·전철의 옥외 승강장 등으로 확대하였으며, 같은 해 7월에는 담배자동판매기에 성인인증장치를 부착하도록 법제화하였다. 그리고 2005년에는 금연교육 및 홍보를 강화하는 한편, 보건소 금연클리닉, 금연상담전화 등 금연 상담·치료 서비스를 제공하고 있다. 이에 따라 금연사업의 예산도 1998년 6억 7천만 원 수준에서 2005년 231억 원 수준으로 증액되었다.

또한 2003년 세계보건기구 총회에서 채택되었으며, 2005년 2월 발효되어 국제법의 효력이 이미 발생한 '담배규제기본협약 (Framework Convention on Tobacco Control)'에 따라 향후 금연구역 확대, 흡연경고문구 강화, 담배 광고·판촉·후원 제한 강화 조치가 지속적으로 추진될 예정이다.

이상과 같은 가격정책과 비가격정책의 흡연 감소 효과는 크게

---

13) 보건복지부. 국민건강증진종합계획. 2002

흡연 참여율(Smoking participation, prevalence) 감소와 흡연량 (Smoking Quantity) 감소로 구분해서 파악할 수 있다. '흡연 참여 율 감소'는 금연정책의 영향으로 기존 흡연자가 흡연을 중단하거 나 장차 흡연을 하게 될 사람이 흡연을 하지 않게 됨으로써 흡연 율 자체가 하락하는 것을 의미한다. 이 중 흡연을 중단하는 경우 는 계량화가 비교적 용이하지만, 흡연 예방 효과는 미래의 상황에 대한 가정이기 때문에 계량화시키기 힘든 문제가 있다. 이에 따라 가격정책과 비가격정책의 흡연율 하락 효과를 다룬 기존 연구들 은 주로 흡연자의 흡연 중단을 분석대상으로 하고 있다. 흡연 참 여율에 미치는 담배가격 탄력도는 전체 가격탄력도의 1/2~1/3을 차지하는 것으로 보고하고 있다(Warner et al., 1995)[14]. 이에 반 해 '흡연량 감소'는 흡연을 중단하지는 못하지만, 금연정책의 영 향으로 흡연량을 줄인 경우로 전체 가격탄력도에서 흡연 참여율 에 해당하는 가격탄력도(Prevalence price elasticity)를 제외한 부 분(Quantity price elasticity)이 이에 해당한다.

흡연으로 인한 질병 피해는 흡연량과 양-반응관계(dose-response relationship)를 가지고 있다. 그러나 흡연량을 줄이더라도 흡연 상 태를 지속하는 한에는 흡연량 감소의 보건학적 편익은 크지 않을 뿐 아니라 흡연량을 다시 늘어날 수 있는 위험에 노출되어 있게 된 다. 따라서 금연정책의 실질적인 효과는 흡연량 감소를 포함한 전 체 담배소비량의 감소가 아니라 기존 흡연자 중에서 흡연 중단에

---

14) Warner KE, Chaloupka FJ, Cook PJ, Manning WG, Newhouse JP, Novotny TE, Schelling TC, Townsend J. Criteria for determining an optimal cigarette tax: the economist's perspective. Tobacco Control 1995;4:380-6

성공한 비율을 통해 평가하는 것이 타당할 것이다.

가격정책과 비가격정책의 흡연 중단 효과에 대한 연구는 이미 다양한 형태로 이루어지고 있다. 가격정책의 효과는 담배의 가격탄력도로 제시되고 있는데, 흡연 참여율에 대한 담배의 가격탄력도는 성인의 경우에는 −0.15 ~ −0.26(Hu et al., 1995; Lewit and Coate, 1982; Ohsfeldt et al., 1999), 청소년의 경우에는 −0.34 ~ −1.20(Lewit et al., 1981; Chaloupka and Grossman, 1996; Tauras and Chaloupka, 1999) 수준으로 보고하고 있다[15)16)17)18)19)20)]. 즉 담배가격을 10% 인상할 경우, 성인 흡연율은 1.5~2.6%, 청소년 흡연율은 3.4~12.0% 감소하는 것으로 추정된다.

비가격정책의 흡연 중단 효과를 다룬 188개의 무작위 임상실험

15) Hu TW, Sung HY, Keeler TE. Reducing cigarette consumption in California: Tobacco taxes vs an anti-smoking media campaign. American Journal of Public Health 1995;85(9):1218-22

16) Lewit EM, Coate D. The potential for using exercise taxes to reduce smoking. Journal of Health Economics 1982;1(2):121-45

17) Ohsfeldt R, Boyle RG, Capilouto EL. Tobacco taxes, smoking restrictions, and tobacco use. In: Chaloupka FJ, Grossman M, Bickel WK, Saffer H, editors. The Economic Analysis of Substance use and Abuse: An Integration of Econometric and Behavioral Economic Research. Chicago: University of Chigago Press. 1999:15-29

18) Lewit EM, Coate D, Grossman M. The effects of government regulation on teenage smoking. Journal of Law and Economics 1981;24(3):54-69

19) Chaloupka FJ, Grossman M. Price, tobacco control policies and youth smoking. Working paper no. 5740. Cambridge (MA): National Bureau of Economic Research. 1996

20) Tauras JA, Chaloupka FJ. Determinants of smoking cessation: an analysis of young adult men and women. Working paper no. 7262. Cambridge (MA): National Bureau of Economic Research. 1999

을 분석한 연구 결과에 따르면, 진료의사의 금연상담을 통해 6개월 이상 흡연 중단 상태를 유지하는 비율은 상담 흡연자의 2% 수준이며, 행동요법의 경우에도 2% 수준인 것으로 나타났다. 니코틴 대체요법은 껌을 이용하는 경우와 패치를 이용하는 경우에 따라 흡연 중단 성공률이 3~13% 수준인 것으로 나타났다(Law and Tang, 1995)[21]. 정기적인 금연 전화상담과 교육용 자료 제공의 흡연 중단 성공률을 비교한 연구 결과, 금연 전화상담의 경우에는 6개월 이상 흡연 중단 성공률이 젊은 연령층과 고연령층에서 각각 8.8%와 7.7%인데 반해, 교육용 자료를 제공한 경우에는 각각 1.9%와 4.1%인 것으로 나타나 정기적인 금연 전화상담이 교육용 자료 제공에 비해 2~4배 효과가 높은 것으로 나타났다 (Rabius et al., 2004)[22].

1989년 캘리포니아 주는 흡연 감소를 위해 주 담뱃세를 갑당 25센트 인상하고, 그중 5센트를 금연홍보에 집중적으로 배정하는 금연정책을 실행하였다. 그 결과, 1990년대 초반 캘리포니아 주의 흡연율은 연평균 1.06% 수준으로 감소하였는데, 같은 기간 동안 다른 주의 흡연율 감소율은 연평균 0.57% 수준이었다 (Fichtenberg and Glantz, 2000)[23]. 국내의 경우에도 1994년부터

---

21) Law M, Tang JL. The analysis of the effectiveness of interventions intended to help people stop smoking. Archives of Internal Medicine 1995;155(18):1933-41

22) Rabius V, McAlister AL, Geiger A, Huang P, Todd R. Telephone counseling increases cessation rates among youbg adult smokers. Health Psychology 2004;23(5):539-41

23) Fichtenberg CM, Glantz SA. Association of the California Tobacco Control Program with declines in cigarette consumption and mortality from heart disease. NEJM 2000;343(24):1772-7

2004년까지의 성인 남성 흡연율은 연평균 1.52% 감소한 반면, 담배가격인상과 강력한 금연사업이 시행된 2005년에는 전년도 대비 성인 남성 흡연율이 5.50% 감소해 흡연 중단 효과가 매우 큰 것으로 나타났다.

3. 흡연 중단의 보건학적, 경제적 편익

흡연으로 인한 질병 피해는 흡연 이후 비교적 즉각적으로 질병 피해가 나타나는 것과 십 수 년 이상의 시간적 격차를 두고 나타나는 것으로 구분된다. 혈소판 활성화 감소, 응고인자(clotting factor) 감소, 일산화탄소혈색소(COHb), 관상동맥연축(coronary artery spasm), 심실 부정맥 감수성(susceptibility) 등의 변화에 따른 심혈관계질환의 위험 증가, 급성호흡기계질환, 천식발작, 태아에 대한 부정적 영향 등은 비교적 즉각적으로 나타나는 질병 피해이다. 이 같은 변화는 흡연을 중단할 경우, 수일 내지는 수 주 내에 가역적으로 회복되면서 즉각적인 흡연 중단의 편익을 발생시킨다. 이에 반해 암과 만성호흡기계질환, 동맥경화와 혈관의 지방 침착 등에 따른 심혈관계질환의 위험 증가 등은 15~20년 이상의 시간이 경과하면서 본격적으로 드러나는 질병 피해인데, 이 같은 위험 증가는 흡연을 중단하더라도 비가역적이거나 매우 점진적으로 변화된다(USDHHS, 1990; VicHealth Centre for Tobacco Control, 2003)[24][25].

흡연 중단으로 인한 질병 발생 위험 감소는 비교적 즉각적으로 편익이 발생하는 경우와 장기간의 시간 경과 후에 편익이 발생하는 경우로 구분된다. 이론적으로 흡연 중단의 효과는 세 가지 경우로 나눌 수 있다. 첫 번째는 흡연으로 인한 신체상의 피해가 즉각적이고 완전하게 회복되는 경우(A), 두 번째는 자극으로 인한 손상이 제거된다 할지라도 회복이 안 되는 손상이 존재하며, 이로 인한 초과 위험이 여전히 존재하는 경우(B), 세 번째는 흡연의 피해가 점진적으로 회복되어 비흡연자와 위험 수준에 이르게 되는 경우(C)이다. 이 중에서 뇌졸중과 급성심근경색 등의 뇌혈관계질환과 심혈관계질환은 흡연 중단 이후에 비교적 즉각적으로 질병 발생 위험이 감소하고, 일정 시간 경과 후에는 현재 흡연자에 비해서는 낮지만, 비흡연자에 비해서는 높은 질병 발생 위험 수준을 일정하게 유지하는 것으로 알려져 있다 (USDHHS, 1990)[26].

흡연 중단으로 인한 질병 피해의 감소가 비교적 즉각적으로 나타나는 질환은 심혈관계질환, 뇌혈관계질환, 급성호흡기계질환 등이다. 미국 성인 120여만 명을 대상으로 한 ACS CPS-Ⅱ (American Cancer Society, Cancer Prevention Study-Ⅱ) 연구 결과에 따르면, 흡연을 중단한 사람은 흡연 중단 1년 이내에 흡

24) USDHHS. The health benefits of smoking cessation: A report of the Surgeon General, 1990. Washington, DC: Government Printing Office, 1990

25) VicHealth Centre for Tobacco Control. Tobacco Control: A blue chip investment in public health, 2003

26) USDHHS. The health benefits of smoking cessation: A report of the Surgeon General, 1990. Washington, DC: Government Printing Office, 1990

44

연자의 관상동맥질환 초과 위험의 1/2 이상이 감소하며, 나머지 초과 위험 감소는 보다 점진적으로 이루어지면서 흡연을 중단한 지 15년 이상이 되면 비흡연자의 위험 수준에 근접하는 것으로 나타났다(USDHHS, 1990). Rosenberg 등(1985)은 흡연 중단 1년 이내에 관상동맥질환 발병 위험이 절반으로 줄어들고, 2년이 지나면 비흡연자와 동일해지는 것으로 추정하였으며, Tverdal 등 (1993)은 흡연을 중단한 지 5년이 지나면 비흡연자와 관상동맥질환 사망률이 거의 같아진다는 연구 결과를 제시하였다[27)28]. 약 12만여 명의 간호사를 12년 동안 추적 관찰한 Nurses' Health Study에서는 흡연을 중단한 지 2년이 지나면 심혈관계질환 사망률이 24% 감소하고, 2~4년이 지나면 뇌졸중 초과위험은 대부분 사라지는 것으로 나타났다(Kawachi et al., 1993)[29]. 7,735명의 중년 성인을 대상으로 한 전향적 연구 결과에서도, 뇌졸중 발생의 상대위험도는 흡연 중단 1~5년 사이에 약 절반 수준으로 감소하는 것으로 나타났다(Wannamethee et al., 1995[30]).

27) Rosenberg L, Kaufman DW, Helmrich SP, Shapiro S. The risk of myocardial infarction after quitting smoking in men under 55 years of age. NEJM 1985;313:1511-4

28) Tverdal A, Thelle D, Stensvold I, Leren P, Bjartveit K. Mortality in relation to smoking history: 13 years' follow-up of 68,000 Norwegian men and women 35-49 years. J Clin Epidemiol 1993;46:475-87

29) Kawachi I, Colditz GA, Stampfer MJ. Smoking cessation in relation to total mortality rates in women. A prospective cohort study. Ann Intern Med 1993;119:992-1000

30) Wannamethee SG, Shaper AG, Whincup PH, Walker M. Smoking cessation and the risk of stroke in middle-aged men. JAMA 1995;274(2):155-60

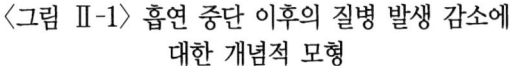

〈그림 Ⅱ-1〉 흡연 중단 이후의 질병 발생 감소에
대한 개념적 모형

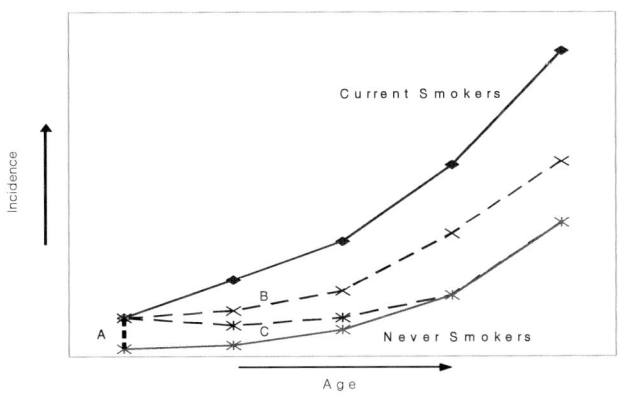

이에 반해 암, 만성호흡기계질환의 경우에는 흡연을 중단하고
일정한 기간이 경과된 이후에 질병 발생 감소 효과가 나타난다.
폐암의 경우, 흡연 중단 5년 이내에는 흡연자와 비슷한 수준의
질병 발생 상대위험도를 보이다가 5년이 경과한 이후부터 감소
하기 시작하여, 15년 이후부터 일정한 수준을 유지하는 경향을
보이고 있다(USDHHS, 1990). 일부 연구에서는 흡연 중단 직후
에 폐암 발생의 상대위험도가 오히려 증가하는 경향을 보이기도
하는데, 이는 폐암으로 진단을 받기 전에 나타나는 자각증상으
로 인해 흡연을 중단하는 경우가 빈번하기 때문으로 해석된다
(Haenszel et al., 1962; Doll and Hill, 1964)[31][32]. 흡연 중단 이

---

31) Haenszel W, Loveland DB, Sirken MG. Lung-cancer mortality as related
    to residence and smoking histories. Journal of the National Cancer
    Institute 1962;28:947-1001

32) Doll R, Hill AB. Mortality in relation to smoking: Ten years' observations

후의 시간 경과에 따른 질병 발생 상대위험도 감소에 대한 연구
가 이루어진 췌장암, 식도암, 방광암, 위암의 경우에도 폐암과
유사한 상대위험도 감소 경향을 보이고 있다(USDHHS, 1990,
2004)[33]. 이에 반해 대장암, 전립선암, 간암의 경우에는 흡연과의
인과관계는 규명되어 있으나, 흡연 중단 이후의 질병 발생 위험
의 감소에 대해서는 충분한 연구 결과가 축적되어 있지 않다
(Wu et al., 1987; Chao et al., 1987; Severson et al., 1989;
Ross et al., 1990; Engeland et al., 1996; Veierod et al., 199
7)[34][35][36][37][38][39].

of British doctors. BMJ 1964;1(30):1399-410

33) USDHHS. The health consequences of smoking: A report of the Surgeon General, 2004. Washington, DC: Government Printing Office. 2004

34) Wu AH, Paganini-Hill A, Ross RK, Henderson BE. Alcohol, physical activity and other risk factors for colorectal cancer: a prospective study. British Journal of Cancer 1987;55(6):687-94

35) Chao A, Thun MJ, Jacobs EJ, Henley SJ, Rodriguez C, Calle EE. Cigarette smoking and colorectal cancer mortality in the Cancer Prevention Study II. Journal of the National Cancer Institute 2000;92(23):1888-96

36) Severson RK, Nomura AMY, Grove JS, Stemmermann GN. A prospective study of demographics, diet, and prostate cancer among men of Japanese ancestry in Hawaii. Cancer Research 1989;49(7):1857-60

37) Ross RK, Bernstein L, Paganini-Hill A, Henderson BE. Effects of cigarette smoking on 'hormone-related' diseases in a Southern California retirement community. In: Wald N, Baron J, editors. Smoking and Hormone-related Disorders. New York: Oxford University Press. 1990:32-54

38) Engeland A, Andersen A, Haldorsen T, Tretli S. Smoking habits and risk of cancers other than lung cancer: 28 years' follow-up of 26,000 Norwegian men and women. Cancer Causes and Control 1996;7(5):497-506

39) Veierod MB, Laake P, Thelle DS. Dietary fat intake and risk of prostate cancer: a prospective study of 25,708 Norwegian men. Int J Cancer 1997;73(5):634-8

흡연으로 인한 질병 추가 발생 규모를 산출한 연구는 이미 다양하게 이루어졌다. 그러나 흡연으로 인한 질병 추가 발생 규모와 흡연 중단으로 인한 질병 감소 규모는 일치하지 않는다. 흡연을 중단하더라도 질병 발생 위험이 흡연 경험이 전혀 없는 비흡연자 수준으로 하락하지 않는 질병이 다수 있을 뿐 아니라, 질병 발생 위험의 감소 효과도 흡연 중단 기간에 따라 점차적으로 발생하기 때문이다.

그러나 아직까지 흡연 중단의 질병 발생 감소와 의료비 절감 규모에 대한 연구는 많지 않은 편이다. Mulder 등(2002)은 2015년까지 유럽 각국의 흡연율이 20% 수준으로 감소되면, 췌장암 발생자 수가 남성의 경우 29,500명, 여성의 경우 9,500명이 줄어드는 것으로 추정하였다. Lightwood와 Glantz(1997)는 흡연율이 1% 감소하는 경우와 매년 1%씩 감소하는 경우에 예방할 수 있는 급성심근경색과 뇌졸중 환자 입원 규모와 의료비 절감액을 추정하였다. 이 연구 결과에 따르면, 흡연율을 1% 감소할 경우, 미국의 급성심근경색과 뇌졸중 입원은 첫해 각각 924명과 538명 감소하며, 7년 후에는 감소 규모가 연간 3,234명과 1,669명에 달하는 것으로 나타났다. 또한 입원 감소를 통해 절감할 수 있는 직접 의료비용도 첫해 4,400만 달러, 7년 누적 기준으로는 약 9억 3,300만 달러에 달하는 것으로 나타났다. 그리고 흡연율을 매년 1%씩 감소할 경우, 7년 후 급성심근경색과 뇌졸중 입원은 각각 18,356명, 9,729명이 감소하며, 이를 통해 절감할 수 있는 직접 의료비용도 7년 누적 기준으로 32억500만 달러에 달하는 것으로 나타났다. 동일한 연구 방법론을 1,800여만 명의 영국민에 적용하여 흡연율 감소의 단기 편익을 산출한 Naidoo 등(2000)의 연구에 따르면, 1996년 현재 28%에 달하는 흡연율을 2005년 26%, 2010년 24%로 떨어뜨리는 경우, 2000년 한 해 동안 739명의 급성심근경색, 214명의 뇌졸중 환자 입원을 줄일 수 있으며, 2010년까지 6,386명의 급성심근경색, 4,964명의 뇌졸중 환자 입원을 줄일 수 있는 것으로 추정되었다. 그리고 입원의료비용은 5억 2,400만 파운드를 절감할 수 있는 것으로 나타났다[40].

제2절 담배수요의 가격탄력성 분석

담배수요의 가격탄력성을 추정하기 최근의 국내외 담배수요함수의 추정 사례들이 〈표 2-1〉에 나타나 있다. 각국의 담배수요함수는 자료의 활용 가능성 여부에 따라 단일방정식(Single equation demand function)과 수요방정식 체계(Demand system)로 모형이 크게 구분된다. 단일방정식 담배수요함수를 추정하기 위한 통계적 기법은 단순선형회귀법(Ordinary Linear Regression: OLS)과 가중단순선형회귀(Weighted OLS) 추정방식이 주로 활용되었다. 수요방정식체계를 추정하기 위하여 표면

---

40) Naidoo B, Steven W, McPherson K. Modelling the short term consequences of smoking cessation in England on the hospitalisation rates for acute myocardial infarction and stroke. Tobacco Control 2000;9:397-400

상 무관회귀(Seemingly Unrelated Regression: SUR) 추정기법이 주로 활용되었다.

단일방정식 또는 담배 수요체계로 추정된 담배수요함수들의 구체적인 모형을 살펴보면 종속변수로 일인당 담배판매량 또는 흡연양태 조사로 얻어진 담배소비량 자료가 사용되었고, 독립변수로는 일인당 국내총생산(Gross Domestic Product: GDP) 등의 소득 자료와 담배가격의 변화를 나타내는 자료들이 사용되었다. 이상의 추정사례들을 참고하여 추적관찰자료를 활용한 담배수요함수의 추정을 위하여 본 연구에서는 수요변화의 편차(Difference) 형식으로 선형 단일방정식 모형(Linear single equation model)을 설정하였다.

〈표 2-1〉에 최근 추정된 국내외 담배수요의 가격탄력성은 분석대상 자료와 추정모형에 따라 다양하게 나타나고 있으나 대략 −0.2에서 −0.6 정도로 추정되고 있다. 일반적으로 가격탄력성은 장기간에 더욱 탄력적이며 특히 담배의 경우 청소년들을 대상으로 추정해보면 성인들보다 더욱 탄력성이 높게 추정된다. 우리나라의 경우 기존의 담배가격탄력성은 총계자료를 활용할 경우 −0.2에서 −0.4 정도에서 추정되었고 가구단위의 미시자료를 활용할 겨우 다소 높은 −0.5 정도로 추정되고 있다. 이와 같은 담배수요의 가격탄력성 추정결과는 자료의 구성과 추정모형에 따라 다소 상이하게 나타나는 것이 보통이다.

〈표 2-1〉 최근 국내외 담배 수요 함수 추정 모형 및 가격탄력성 추정결과

저자(연도)	자 료 (분석 기간)	종속변수/독립변수	모형/추정 방법	담배가격 탄력성 추정치
순만(2005)	한국중고생 15,310 설문조사 (2004.7)	흡연량/ 가격변화, 응답자 특성	로지스틱 회귀분석	-0.99 -1.80
Meyerhoefer (2005)	로마 가계지출조사 (1994-1996)	품목별 지출몫/ 가격, 총지출, 가구특성들	수요체계/ SUR	-0.592 -0.569
Gospodinov (205)	Canada ((1972-2000)	담배소비량/ 가격, 소득	FM OLS	-0.31
Ahmad (2005)	California CDC/BRFSS (1993-2000)	흡연양태/ 담배가격, 인구변수, 사회경제변수	단일방정식/ Weighted OLS	-0.18 -0.83
Lee (2005)	대만 총량 연도별 (1971-2000)	일인당 담배판매량/ 담배가격, GDP	수요체계/ SUR	국내: -0.64 수입: -0.82
Mazzocchi (2005)	영국 총량 분기별 (1963-2003)	담배 지출 몫/ 가격, 소득, 가구특성변수	수요체계/ MLE(EM Algorithm)	단기: -0.55 장기: -0.25
Escarrio & Molina (2004)	스페인 총량 연도별 (1964-1995)	담배 종류별 지출 몫/ 가격, 소득, 기간더미	수요체계/ SUR	Visginia: -0.80 Black: -0.47 Cigars: -0.93
김원년 (2004)	한국 가구 월별 (1998-2003)	담배 지출 몫/ 가격, 소득, 가구특성변수	수요체계/ SUR	-0.52
김용익 외 (2003)	한국 총량 연도별 (1980-2002)	일인당 담배판매량/ 일인당 GDP, 담배가격지수	단일방정식/ OLS	절대가격: -0.30 상대가격: -0.42
Farrelly (2003)	미국 총량 연도별 (1990-2000)	일인당 담배판매량/ 주별 담배가격 차이 흡연 규제, 담뱃세, 실업률	단일방정식/ OLS	-0.32
Mao(2002)	중국 총량 연도별 (1980-1997)	일인당 담배판매량/ 담배가격, 일인당GDP	단일방정식/ OLS	-0.54
김원년 외 (2002)	한국 총량 연도별 (1980-1999)	일인당 담배판매량/ 담배가격, 일인당GDP	단일방정식/ OLS	-0.19

제3절 담배 소비자 물가지수 정책 분석

소비자 물가시수에서 담배, 알코올, 에너지 등을 제외한 물가지수를 산출하여 기존의 물가지수와 함께 발표하고 있는 나라들은 프랑스, 벨기에, 이탈리아 등이다. 프랑스와 이탈리아는 담배 제외 물가지수로 표기하고 있고 벨기에는 담배, 주류, 가솔린, 디젤 등 품목을 제외하고서 건강물가지수(health index)로 표기한다.

프랑스는 전 도시 가구에 대하여 소비자 물가지수를 음식물, 담배, 공산품, 에너지, 서비스 등의 항목으로 구분하고 담배를 음식물에 포함한 경우와 음식물에 포함하지 않은 지수를 작성 공표하고 있다. 또 전체 지수에서도 담배를 포함한 경우와 담배를 제외한 경우로 구분하여 사용한다.

벨기에는 일반 소비자 물가지수에서 담배, 알코올, 가솔린, 디젤, 맥주 등의 소비를 제외한 건강 물가지수를 산출하여 임금 임대료 등을 지수화하는 법적 기준으로 사용하고 있다. 특히 벨기에는 건강지수(Health Index)로서 일반 소비자물가지수에서 담배 알코올 가솔린 디젤 맥주 등의 품목을 제외시키고 소비자 물가지수를 작성하여 저소득층에 대한 후생복지 기준으로서 임금 임대료 등의 지원정책에 활용하고 있다.

이탈리아는 종합적인 소비자 물가지수에서 담배항목을 제외시킨 FOI 물가지수(CPI for white and blue collor workers without tobacco)를 근로자를 위한 물가변화 판단의 기준으로 활용하고 있다. 연평균으로 작성된 일반 소비자 물가지수와 담배제외 소비자물가지수와는 거의 차이가 나타나지 않으나 월별로 작성된 두 물가지수는 다소의 차이를 보이고 있다.

제3장

최근 흡연자 / 비흡연자의 흡연 행태

변화 추적관찰조사

본 연구는 흡연자와 비흡연자로 구성된 개인단위의 추적관찰 자료를 구축하여 담배가격인상 전후 조사를 실시함으로써 담배가격인상에 따른 흡연 상태 변화를 파악하는 것이다. 이를 위해 추적관찰조사에 동의하는 성인 남성 흡연자 700명과 비흡연자 300명으로 코호트를 구축하였다.

담배가격인상 2주 전 시점에서 전화설문조사를 통해 흡연자 700명을 대상으로 추적관찰 대상 패널을 구성하였으며, 이들을 대상으로 흡연력(吸煙歷), 흡연 제품명, 담배가격인상에 대한 태도, 교육수준, 소득수준 등에 대한 조사를 실시하였다. 담배가격인상 후 1개월, 3개월, 6개월 시점에서 흡연 여부와 흡연량 및 흡연제품 변화, 흡연 행태 변화 동기, 담배가격인상이 흡연 행태 변화에 미친 영향 등에 대해 조사하였다.

〈그림 Ⅲ-1〉 개인단위 추적관찰조사의 기본구조

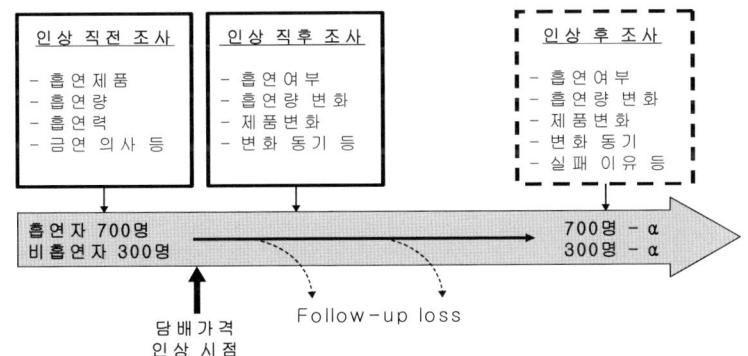

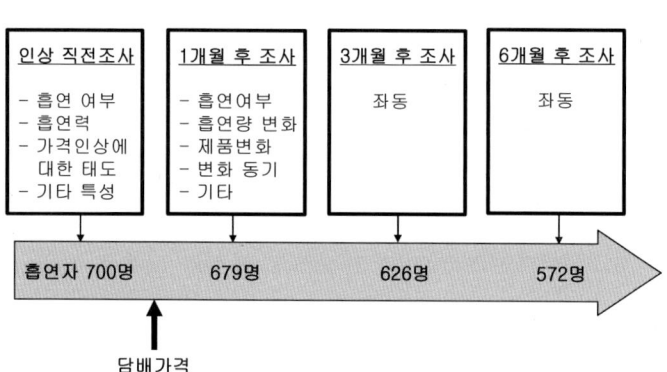

〈그림 Ⅲ-2〉 연구 방법의 기본 틀

제1절 흡연자의 흡연 상태 변화

1. 설문응답자의 일반 특성

추적관찰 조사 대상인 흡연자 700명의 연령 구성은 20대가 190명(27%), 30대 221명(32%), 40대 183명(26%), 50대 106명 (15%)이었다. 최종학력은 중졸 이하인 경우가 21명(3%), 고졸 이하인 경우가 96명(14%), 대졸 이상인 경우가 583명(84%)이었다. 직업 구성은 사무/기술직이 362명(52%)으로 가장 많은 비중을 차지하고 있었으며, 자영업이 79명(12%)이었으며, 그 외 학생, 판매/서비스직, 전문/자유직 순이었다. 월 소득은 195만 원 미만이 9%, 195~295만 원이 19%, 295~395만 원이 23%, 395~495만 원이 20%, 495만 원 이상이 29%로 구성되어 있었다.

〈표 3-1〉 설문 응답자의 특성(흡연자 700명)

변수	범주	Number	%
나이	20-29	190	(27.1)
	30-39	221	(31.6)
	40-49	183	(26.1)
	50이상	106	(15.1)
	평균	36.9	
교육 수준	중졸	21	(3.0)
	고졸	96	(13.7)
	대졸	583	(83.3)
가구 수입	195만 원 미만	62	(8.9)
	195-294	135	(19.3)
	295-394	159	(22.7)
	394-494	140	(20.0)
	495만 원 이상	204	(29.1)
직업	전문직/자유직, 경영/관리직	57	(8.1)
	사무/기술직	362	(51.7)
	판매/서비스직, 일용/작업직, 생산운수직	101	(14.4)
	학생	81	(11.6)
	자영업	79	(11.3)
	무직	20	(2.9)
흡연량	10개비 미만	84	(12.0)
	10-20개비 미만	273	(39.0)
	20개비 이상	343	(49.0)
흡연 기간	5년 미만	71	(10.1)
	5-10년	132	(18.9)
	10-15년	182	(26.0)
	15-20년	87	(12.4)
	20-25년	122	(17.4)
	25년 이상	106	(15.1)
금연시도 횟수	없다	189	(27.0)
	1-2회	228	(32.6)
	3-4회	152	(21.7)
	5회 이상	131	(18.7)
향후 금연 의사	금연	399	(57.0)
	줄일 의사	183	(26.1)
	의사 없음	118	(16.9)
가격인상이 본인의 흡연 중단에 미칠 영향	큰 영향	85	(12.1)
	어느 정도영향	197	(28.1)
	별 영향 없음	165	(23.6)
	거의 영향 없음	253	(36.1)

  700명의 추적관찰 대상자 중 128명이 중도에 탈락하였다. 추적 관찰조사를 완료한 572명의 평균 연령은 35.8세였으며 20대가 29.2%, 30대가 34.8%, 40대가 24.0%, 50대 이상이 12.1%를 차지 하였다. 학력수준은 중학교 졸업 이하가 1.6%였으며, 고등학교 졸업이 10.5%, 대학교 졸업 이상이 87.9%를 차지하였다. 월평균 가계소득이 195만 원 미만인 경우가 8.2%, 195만 원 이상, 295만 원 미만인 경우가 17.5%, 295만 원 이상, 394만 원 미만인 경우 가 23.6%, 395만 원 이상, 495만 원 미만인 경우가 20.3%, 495만 원 이상인 경우가 30.4%를 차지하였다. 일평균 흡연 개비 수는 17.1개비였으며, 평균 흡연 기간은 163개월이었다. 향후 금연 의 향에 대해서는 57.2%가 흡연을 중단하고 싶다고 응답했고, 25.9%는 흡연량을 줄이고 싶다고 응답했으며, 17.0%는 흡연을 중단하거나 흡연량을 줄일 의향이 없다고 응답했다.

  추적관찰 완료 응답자와 중도 탈락자의 일반 특성을 비교한 결과, 중도 탈락자의 경우 고연령층이 상대적으로 많으며, 교육수 준과 소득수준이 추적관찰 완료 응답자에 비해 낮고, 직업 유형 별로는 육체노동직 비율이 더 높은 것으로 나타났다. 그리고 흡 연 기간도 추적관찰 완료 응답자에 비해 길고, 금연시도를 한 적 이 없는 경우가 더 많은 것으로 나타났다. 그러나 일평균 흡연량 과 향후 금연 의향에 대한 응답수준은 추적관찰 완료 응답자와 비슷한 것으로 나타났다.

⟨표 3-2⟩ 설문 응답자의 특성(흡연자, 추적관찰 조사 완료자/탈락자)

변수	범주	완료자		탈락자		명
	전체	572		128		700
나이	20-29	167	(29.2)	23	(18.0)	190
	30-39	199	(34.8)	22	(17.2)	221
	40-49	137	(24.0)	46	(35.9)	183
	50 이상	69	(12.1)	37	(28.9)	106
	평균	35.8		41.3		36.9
교육 수준	중졸	9	(1.6)	12	(9.4)	21
	고졸	60	(10.5)	36	(28.1)	96
	대졸	503	(87.9)	80	(62.5)	583
가구 수입	195만 원 미만	47	(8.2)	15	(11.7)	62
	195-294	100	(17.5)	35	(27.3)	135
	295-394	135	(23.6)	24	(18.8)	159
	394-494	116	(20.3)	24	(18.8)	140
	495만 원 이상	174	(30.4)	30	(23.4)	204
직업	전문직/자유직, 경영/관리직	47	(8.2)	10	(7.8)	57
	사무/기술직	311	(54.4)	51	(39.8)	362
	판매/서비스직, 일용/작업직, 생산운수직	70	(12.2)	31	(24.2)	101
	학생	67	(11.7)	14	(10.9)	81
	자영업	61	(10.7)	18	(14.1)	79
	무직	16	(2.8)	4	(3.1)	20
흡연량	10개비 미만	68	(11.9)	16	(12.5)	84
	10-20개비 미만	233	(40.7)	40	(31.3)	273
	20개비 이상	271	(47.4)	72	(56.3)	343
흡연 기간	5년 미만	57	(10.0)	14	(10.9)	71
	5-10년	117	(20.5)	15	(11.7)	132
	10-15년	162	(28.3)	20	(15.6)	182
	15-20년	72	(12.6)	15	(11.7)	87
	20-25년	97	(17.0)	25	(19.5)	122
	25년 이상	67	(11.7)	39	(30.5)	106
금연시 도 횟수	없다	144	(25.2)	45	(35.2)	189
	1-2회	192	(33.6)	36	(28.1)	228
	3-4회	131	(22.9)	21	(16.4)	152
	5회 이상	105	(18.4)	26	(20.3)	131
향후 금연 의사	금연	327	(57.2)	72	(56.3)	399
	줄일 의사	148	(25.9)	35	(27.3)	183
	의사 없음	97	(17.0)	21	(16.4)	118
미칠 영향	큰 영향	71	(12.4)	14	(10.9)	85
	어느 정도 영향	148	(25.9)	49	(38.3)	197
	별 영향 없음	146	(25.5)	19	(14.8)	165
	거의 영향 없음	207	(36.2)	46	(35.9)	253

2. 조사 시기별 흡연 상태 변화

〈그림 Ⅲ-3〉은 흡연자 700명을 대상으로 한 흡연 상태 변화를 보여준다. 그러나 이와 같은 분석은 시간의 경과에 따라 이루어지기 때문에 각 조사시점에서 탈락자들이 나타난다. 1개월 후 조사에서는 21명이 탈락하였으며 3개월 후 조사에서는 53명, 6개월 후 조사에서는 54명이 탈락하였다.

〈그림 Ⅲ-3〉 담배가격인상 후, 시간 경과에 따른 흡연 상태 변화(흡연자 700명)

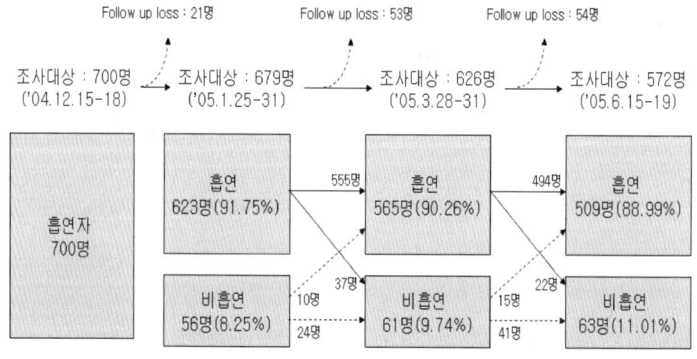

추적관찰조사 완료자 572명만을 대상으로 각 조사 시기별 흡연 상태를 파악한 결과는 다음 그림과 같다. 1월, 3월, 6월 조사시점에서의 흡연 중단율은 각각 6.6%, 10.3%, 11.0%로 시간 경과에 따라 흡연을 중단한 비율이 증가한 것으로 나타났다. 각 조사시점의 신규 흡연 중단자 중에서 '담배가격인상이 흡연 중단의 계기가 되었는지'를 파악한 결과, 각 시기별로 76.3%,

81.4%, 65.1%의 흡연 중단자가 그렇다고 응답했다.

〈그림 Ⅲ-4〉담배가격인상 후, 시간 경과에 따른 흡연 상태
변화(추적관찰 완료 572명)

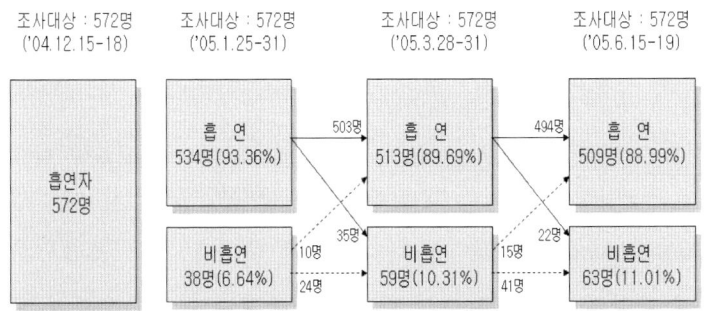

흡연자들의 흡연 브랜드 변화를 파악한 결과, 담배가격인상 1
개월 후에는 52명이 흡연 브랜드를 바꾸었고 1개월 후까지는 변
화가 없다가 3개월 후에는 44명이 브랜드를 바꾸었다. 또한 3개
월 후까지는 변화가 없다가 6개월 후 조사 때 브랜드를 바꾼 사
람은 43명으로 나타났다. 조사시점을 2005년 3월로 본다면 3개월
후에 56명이 브랜드를 바꾸었고 3개월 후까지는 변화가 없다가 6
개월 후에 브랜드를 바꾼 사람은 46명으로 나타났다.

〈표 3-3〉흡연제품이 변화한 관찰자 수(추적관찰 완료 572명)

	2004. 12	2005. 1(1개월 후)	2005. 3(3개월 후)
2004. 12	-	-	-
2005. 1(1개월 후)	52	-	-
2005. 3(3개월 후)	44	56	-
2005. 6(6개월 후)	43	46	58

흡연 브랜드를 변화한 설문 응답자를 대상으로 변화된 브랜드의 평균 가격을 분석한 결과, 가격인상 1개월 후 담배가격은 2,386원으로 담배가격인상 전의 1,802원보다 크게 상승한 것으로 나타났다. 그러나 시간이 경과함에 따라 브랜드 변화에 대한 담배가격의 차이에는 큰 변화가 없었다. 이는 담배가 중독성이 강한 기호 식품으로 담배가격이 인상된다고 하더라도 사람들이 담배의 등급을 낮은 등급으로는 바꾸지 않는다고 볼 수 있다. 그러나 이 결과 해석에 있어 유의할 점은 담배를 끊은 사람은 배제되어 있다는 것이다. 즉 브랜드 변화에 담배를 끊은 사람들까지 포함시킨다면 담배가격인상 후 2,500원 이상의 고가 담배의 점유율은 크게 떨어졌다고 볼 수 있다.

〈표 3-4〉 변화된 흡연제품의 평균가격(추적관찰 완료 572명)

	2004. 12			2005. 1(1개월 후)			2005. 3(3개월 후)		
	관찰 자수	이 전 가 격	바 뀐 가 격	관찰 자수	이 전 가 격	바 뀐 가 격	관찰 자수	이 전 가 격	바 뀐 가 격
2005. 1 (1개월 후)	52	1,802원	2,386원	0	"	"	0	"	"
2005. 3 (3개월 후)	44	2,300원	2,352원	56	2,347원	2,345원	0	"	"
2005. 6 (6개월 후)	43	2,417원	2,479원	46	2,407원	2,476원	58	2,398원	2,476원

담배가격인상 1개월 후 전체 설문응답자의 29.0%가 흡연량을 감소하였으며 6.6%가 흡연을 중단하였다. 또한 흡연을 감소한 사람 중 65.2%가 이번 담배가격인상이 흡연 중단 혹은 흡연량 감

소의 계기가 되었다고 응답하였으며 흡연 중단자의 경우는 76.3%가 이번 담배가격인상이 흡연 중단 혹은 흡연량 감소의 계기가 되었다고 응답하였다. 또한 담배가격인상 6개월 후를 살펴보아도 전체의 22.2%가 흡연량을 감소하였으며 11.0%가 흡연을 중단하였다. 담배인상 6개월 후 흡연량이 감소한 비율은 조금 줄었지만 흡연을 중단한 비율은 늘었다. 따라서 담배가격인상으로 인한 흡연 중단이 단기적 현상이 아님을 확인할 수 있다.

〈표 3-5〉 담배가격인상 후, 시간 경과에 따른 흡연 상태
변화(추적관찰 완료 572명)

	1개월 후		3개월 후		6개월 후	
	흡연량 감소	흡연 중단	흡연량 감소	흡연 중단	흡연량 감소	흡연 중단
전체(572명)	166명 (29.02%)	38명 (6.64%)	141명 (24.65%)	59명 (10.31%)	127명 (22.20%)	63명 (11.01%)
이번 담배가격인상이 흡연 중단 혹은 흡연량 감소의 계기가 되었다	65.24%	76.32%	63.83%*	45.76%*	59.20%*	65.08%*

* 신규 흡연량 감소자 혹은 흡연 중단자의 비율

추적관찰 기간 동안에 이루어진 3차례의 조사에서 1회 이상 흡연을 중단한 상태라고 응답한 '흡연 중단 경험률'은 15.6%, '연령 표준화 흡연 중단 경험률'은 16.0%였다. 추적관찰 6개월 동안 지속적으로 흡연 중단 상태를 유지한 '흡연 중단 성공률'은 3.7%, '연령 표준화 흡연 중단 성공률'은 4.5%로 나타났다.

〈표 3-6〉 흡연 중단 경험률과 성공률

	비율		비율(연령 표준화)*	
	%	(95% C.I.)	%	(95% C.I.)
흡연 중단 경험률	15.6	(12.6, 18.5)	16.0	(13.0, 19.0)
흡연 중단 성공률	3.7	(2.1, 5.2)	4.5	(3.0, 6.0)

* 2004년도 전체 성인 남성의 연령 구성 비율로 표준화

'담배가격인상이 흡연 중단의 계기가 되었다'고 응답한 흡연 중단자의 비율을 파악한 결과, '담배가격인상의 영향을 받은 흡연 중단 경험률'은 12.8%, 연령 표준화를 한 경우에는 12.8%였다. '담배가격인상의 영향을 받은 흡연 중단 성공률'은 2.8%, 연령 표준화를 한 경우에는 3.4%인 것으로 나타났다.

〈표 3-7〉 담배가격인상의 영향을 받은 흡연 중단 경험률과 성공률

	비율		비율(연령 표준화)*	
	%	(95% C.I.)	%	(95% C.I.)
흡연 중단 경험률	12.8	(10.0, 15.5)	12.8	(10.0, 15.5)
흡연 중단 성공률	2.8	(2.2, 3.4)	3.4	(2.8, 4.0)

* 2004년도 전체 성인 남성의 연령 구성 비율로 표준화

일평균 흡연량은 지속적으로 감소한 것으로 나타났다. 해당 시기의 흡연 중단자의 흡연량을 '0'으로 포함한 경우에는 2004년 12월 일평균 17.1개비에서 2005년 6월 13.7개비로 줄어들었으며, 해당 시기의 흡연 중단자를 제외한 경우에도 2004년 12월 일평균 17.1개비에서 2005년 6월 15.4개비로 줄어든 것으로 나타났다.

〈표 3-8〉 일평균 흡연량 변화(추적관찰 완료 572명, 단위: %)

	'04.12	'05.1	'05.3	'05.6
해당 시기의 흡연 중단자 포함	17.09	14.28	14.31	13.74
해당 시기의 흡연 중단자 제외	17.09	15.30	15.96	15.44

2004년 12월 말의 가격인상 이전의 가격을 기준으로 2000원 미만과 2000원 이상인 담배가격 구성 비율을 파악한 결과, 2000원 이상인 담배를 피우는 비율이 담배가격인상 이후에 오히려 증가한 것으로 나타났다. 2004년 12월 조사에서는 조사 대상자의 68.4%가 2000원 이상의 담배제품을 피우는 데 반해, 2005년 6월 조사에서는 87.4%가 2000원 이상의 담배제품을 피우는 것으로 나타났다.

〈표 3-9〉 흡연 제품의 가격구성 비율의 변화
(추적관찰 완료 572명, 단위: %)

	'04.12	'05.1	'05.3	'05.6
2000원 미만	31.64	8.74	12.41	12.59
2000원 이상	68.36	91.26	87.59	87.41

담배가격인상 후, 월평균 담배소비 지출액의 변화를 파악한 결과, 흡연자의 월평균 지출은 담배가격인상 전 41,544원이었으나 6개월 후 50,964원으로 늘어나 일일 평균 개비 수는 줄었지만 지출은 늘어난 것으로 나타났다. 연령별 월평균 지출은 50대 이상에서 가장 높게 나타났으며 20대가 가장 적게 지출한 것으로 나

타났다. 교육수준별 월평균 지출은 고졸 이하에서 가장 높게 나
타났으며 대학교 재학생의 경우 가장 적게 지출하는 것으로 나
타났다. 소득별 월평균 지출은 495만 원 고소득층에서 가장 높게
나타났는데 이는 일일 평균 흡연량과 비교했을 때 고소득층에서
상대적으로 비싼 담배를 피우고 있음을 알 수 있다.

※ 흡연 중단자의 지출은 0원으로 해서 계산

해당 시기의 흡연자를 대상으로 향후 금연 의향을 파악한 결
과, 시간 경과에 따라 향후 담배를 끊겠다는 응답자의 비율은 줄
어들었지만, 줄일 생각이 있다는 응답은 일정 수준을 유지하는
것으로 나타났다. 그리고 담배를 끊거나 줄일 생각이 없다는 응
답도 일정 수준을 유지하는 것으로 나타났다.

〈표 3-10〉 향후 담배를 끊거나 줄일 의사
(추적관찰 완료 572명, 단위: %)

		'04.12	'05.1	'05.3	'05.6
해당 시기 흡연자	끊을 생각 있다	57.17	40.71	40.78	38.57
	줄일 생각 있다	25.87	29.08	28.24	29.82
	끊거나 줄일 생각 없다	16.96	30.21	30.98	31.61

해당 조사 시기의 흡연자와 흡연 중단자를 대상으로 담배가격
수준에 대한 의견을 파악한 결과, 담배가격인상 이후 흡연자는
일관되게 70% 이상이 담배가격이 비싸다고 응답한 데 반해, 흡

연 중단자는 2005년 1월 조사에서는 흡연자와 비슷한 수준으로 응답하였으나, 2005년 3월, 6월 조사에서는 비싸다고 응답한 비율이 흡연자에 비해 현저히 낮은 것으로 나타났다.

〈표 3-11〉 담배가격 수준에 대한 견해(추적관찰 완료 572명, 단위: %)

		'04.12	'05.1	'05.3	'05.6
전체	비싸다	.	73.72	73.11	71.08
	적당하다	.	20.81	21.62	21.69
	싸다	.	5.47	5.27	7.23
해당 시기 흡연자	비싸다	49.56	73.91	75.1	72.42
	적당하다	46.94	20.79	20.59	22.22
	싸다	3.5	5.29	4.31	5.36
해당 시기 흡연 중단자	비싸다	.	71.05	55.93	60.32
	적당하다	.	21.05	30.51	17.46
	싸다	.	7.89	13.56	22.22

해당 조사 시기의 흡연자를 대상으로 담배가격을 추가로 인상할 때의 예상 영향을 파악한 결과, 본인의 흡연 행태에 영향을 미칠 것이라고 응답한 비율이 45-50% 수준으로 유지되는 것으로 나타났다.

〈표 3-12〉 담배가격 추가 인상 시 영향(추적관찰 완료 572명, 단위: %)

		'04.12	'05.1	'05.3	'05.6
해당 시기 흡연자	크게 영향 미칠 것	14.89	23.12	16.63	19.88
	어느 정도 영향 미칠 것	32.40	28.20	34.64	26.44
	별로 영향 미치지 못할 것	26.09	31.58	27.59	35.98
	거의 영향 없을 것	26.62	17.11	21.14	17.69

3. 연령별 흡연 상태 변화

연령별 흡연 상태 변화를 파악한 결과, 30대에서 흡연량 감소 비율은 시간의 경과에 따라 각각 34.7%, 30.7%, 27.6%로 흡연량 감소 비율이 가장 큰 것으로 나타났으며 20대에서 흡연 중단자의 비율이 가장 높게 나타났다. 특히 20대와 50대 이상에서 흡연 중단 비율은 시간이 경과함에 따라 꾸준히 늘고 있다.

〈표 3-13〉 담배가격인상 후, 시간 경과에 따른 흡연 상태
변화(추적관찰 완료 572명)

		1개월 후		3개월 후		6개월 후	
		흡연량 감소	흡연 중단	흡연량 감소	흡연 중단	흡연량 감소	흡연 중단
전체(572명)		166명 (29.02%)	38명 (6.64%)	141명 (24.65%)	59명 (10.31%)	127명 (22.20%)	63명 (11.01%)
연령	20대 (167명)	48명 (28.74%)	16명 (9.58%)	41명 (24.55%)	19명 (11.38%)	33명 (19.76%)	27명 (16.17%)
	30대 (199명)	69명 (34.67%)	8명 (4.02%)	61명 (30.65%)	19명 (9.55%)	55명 (27.64%)	15명 (7.54%)
	40대 (137명)	35명 (25.55%)	10명 (7.30%)	29명 (21.17%)	15명 (10.95%)	24명 (17.52%)	14명 (10.22%)
	50대 이상(69명)	14명 (20.29%)	4명 (5.80%)	10명 (14.49%)	6명 (8.70%)	15명 (21.74%)	7명 (10.14%)

20대의 흡연 상태 변화는 시간이 경과함에 따라 흡연율이 83.8%까지 떨어져 연령대 중 가장 큰 폭으로 줄어들었다. 따라서 20대가 가격에 가장 민감하게 반응하고 있음을 알 수 있다. 6월 조사의 경우 이번 담배가격인상이 흡연 중단의 계기가 되었다고 응답한 비율이 74.1%로 높게 나타났다.

〈그림 Ⅲ-5〉 담배가격인상 후, 시간 경과에 따른 흡연 상태
변화(20대)

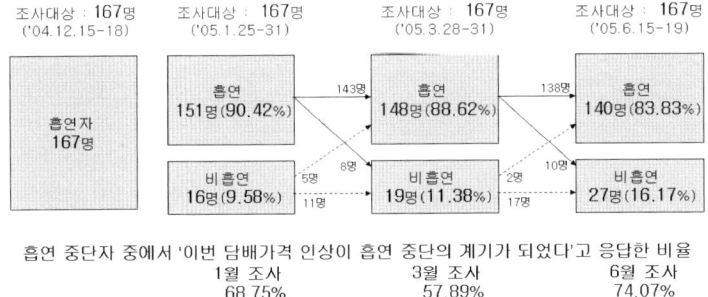

30대의 흡연 상태 변화를 살펴보면 흡연율이 시간이 경과함에
따라 3개월 후 90.5%까지 줄어들었다가 6개월 후 흡연율이
92.5%로 소폭 상승하여 연령대 중 가장 소폭으로 흡연율이 떨어
졌다. 1월 조사의 경우 이번 담배가격인상이 흡연 중단의 계기가
되었다고 응답한 비율이 87.5%로 높게 나타났으나 3월 조사 때
는 36.8%로 크게 줄어들었다.

〈그림 Ⅲ-6〉 담배가격인상 후, 시간 경과에 따른 흡연 상태
변화(30대)

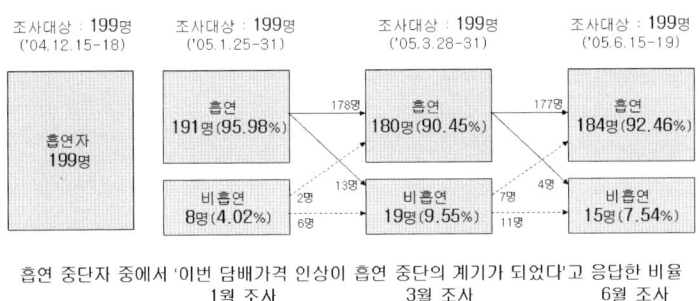

40대의 흡연 상태 변화를 살펴보면 시간이 경과함에 따라 흡연율이 89.8%까지 떨어졌으며 1월 조사의 경우 이번 담배가격인상이 흡연 중단의 계기가 되었다고 응답한 비율이 90.0%로 가장 높게 나타났다.

〈그림 Ⅲ-7〉담배가격인상 후, 시간 경과에 따른 흡연 상태
변화(40대)

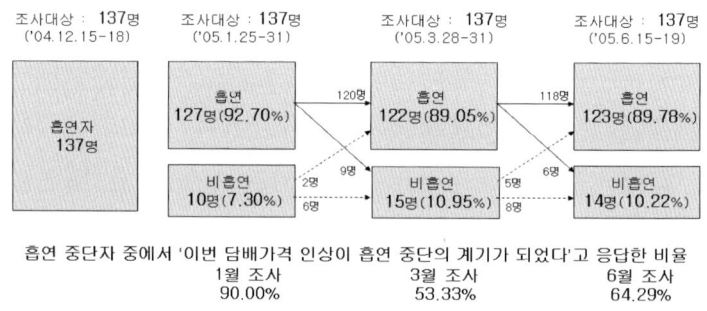

50대 이상의 흡연 상태 변화를 파악한 결과, 시간이 경과함에 따라 흡연율이 89.9%까지 떨어졌으며 3월과 6월 조사의 경우 이번 담배가격인상이 흡연 중단의 계기가 되었다고 응답한 비율이 각각 16.7%와 42.9%로 연령대중 가장 낮게 나타나 가격에 덜 민감함을 보여주었다.

〈그림 Ⅲ-8〉 담배가격인상 후, 시간 경과에 따른 흡연 상태
변화(50대 이상)

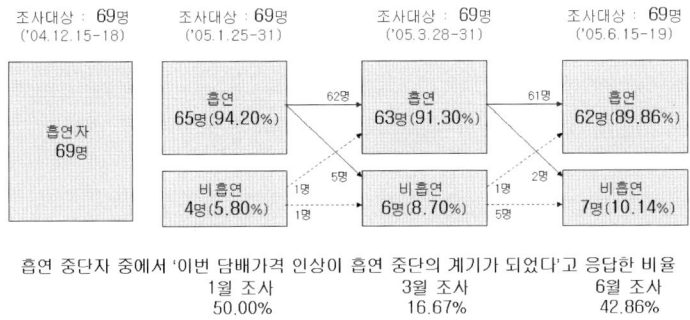

연령대별로 일평균 흡연량 변화를 파악한 결과, 해당 시기의
흡연 중단자를 포함한 경우와 포함하지 않은 경우 모두 50대 이
상, 30대, 40대, 20대의 순으로 흡연량이 감소한 것으로 나타났다.

〈표 3-14〉 연령별 일평균 흡연량 변화(추적관찰 완료 572명, 단위: %)

		04.12	05.1	05.3	05.6	Δ(05.6-04.12)
해당 시기의 흡연 중단자 포함	20대	14.23	11.96	11.92	11.70	2.53
	30대	17.63	14.38	14.03	13.75	3.88
	40대	18.22	15.39	15.70	15.27	2.95
	50대이상	20.20	17.43	18.20	15.62	4.58
해당 시기의 흡연 중단자 제외	20대	14.23	13.23	13.45	13.96	0.27
	30대	17.63	14.98	15.51	14.88	2.75
	40대	18.22	16.60	17.63	17.01	1.21
	50대이상	20.20	18.51	19.94	17.39	2.81

2004년 12월 담배가격인상 전의 가격을 기준으로 연령별 흡연
제품의 가격구성 비율 변화를 파악한 결과, 모든 연령대에서 이전

에 비해 고가 담배 이용비율이 높아진 것으로 나타났다. 그러나 20
대의 고가 담배 이용비율 증가율이 다른 연령대에 비해 낮은 것으
로 나타났다.

〈표 3-15〉 연령별 흡연 제품의 가격구성 비율의 변화
(추적관찰 완료 572명, 단위: %)

		'04.12	'05.1	'05.3	'05.6
20대	2000원 미만	29.34	10.18	11.98	16.17
	2000원 이상	70.66	89.82	88.02	83.83
30대	2000원 미만	29.65	6.03	11.06	9.05
	2000원 이상	70.35	93.97	88.94	90.95
40대	2000원 미만	32.12	8.76	13.14	11.68
	2000원 이상	67.88	91.24	86.86	88.32
50대 이상	2000원 미만	42.03	13.04	15.94	15.94
	2000원 이상	57.97	86.96	84.06	84.06

4. 소득수준별 흡연 상태 변화

가구 소득수준별 흡연 상태 변화를 파악한 결과, 495만 원 이
상 고소득층의 흡연 중단 비율은 각 조사시점에서 각각 4.0%,
8.1%, 8.6%로 가장 낮게 나타났으며 195-295만 원 미만의 소득
층에서 흡연량 감소와 흡연 중단 비율이 상대적으로 높게 나타
났다. 또한 담배가격인상 6개월 후 조사에서는 295만 원 미만 소
득층의 흡연 중단 비율이 다른 소득계층보다 높게 나타났다.

〈표 3-16〉 담배가격인상 후, 시간 경과에 따른 흡연 상태
변화(추적관찰 완료 572명)

		1개월 후		3개월 후		6개월 후	
		흡연량 감소	흡연 중단	흡연량 감소	흡연 중단	흡연량 감소	흡연 중단
전체(572명)		166명 (29.02%)	38명 (6.64%)	141명 (24.65%)	59명 (10.31%)	127명 (22.20%)	63명 (11.01%)
월 소 득	195만 원 미만(47명)	12명 (25.53%)	3명 (6.38%)	9명 (19.15%)	6명 (12.77%)	6명 (12.77%)	8명 (17.02%)
	195만 원 이상- 295만 원 미만(100명)	37명 (37.00%)	10명 (10.00%)	30명 (30.00%)	16 명 (16.00%)	23명 (23.00%)	17명 (17.00%)
	295만 원 이상- 395만 원 미만(135명)	36명 (26.67%)	7명 (5.19%)	30명 (22.22%)	11명 (8.15%)	31명 (22.96%)	13명 (9.63%)
	395만 원 이상- 495만 원 미만(116명)	32명 (27.59%)	11명 (9.48%)	33명 (28.45%)	12명 (10.34%)	35명 (30.17%)	10명 (8.62%)
	495만 원 이상(174명)	49명 (28.16%)	7명 (4.02%)	39명 (22.41%)	14명 (8.05%)	32명 (18.39%)	15명 (8.62%)

195만 원 미만 소득층의 흡연 상태 변화는 시간이 경과함에 따라 흡연율이 83.0%까지 떨어져 소득계층 중에서 가장 큰 폭으로 하락했다. 그러나 6월 조사 때 이번 담배가격인상이 흡연 중단의 계기가 되었다고 응답한 비율은 25.0%로 가장 낮게 조사되었다.

〈그림 Ⅲ-9〉 담배가격인상 후, 시간 경과에 따른 흡연 상태
변화(195만 원 미만)

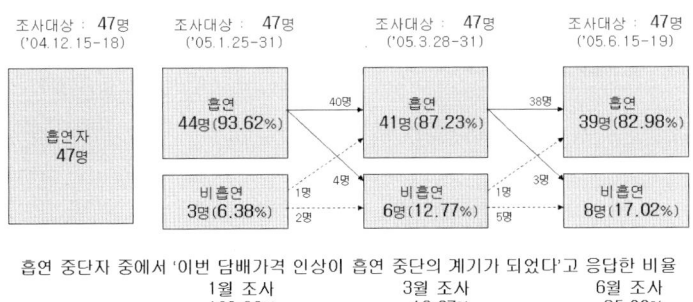

195-295만 원 미만 소득층의 흡연 상태 변화를 살펴보면 시간이 경과함에 따라 흡연율이 83.0%까지 떨어졌으며 이번 담배가격인상이 흡연 중단의 계기가 되었다고 응답한 비율이 3월 조사때는 87.5%, 6월 조사 때는 82.4%로 가장 높게 나타나 가격에가장 민감한 것으로 추정된다.

〈그림 Ⅲ-10〉 담배가격인상 후, 시간 경과에 따른 흡연 상태
변화(195-295만 원)

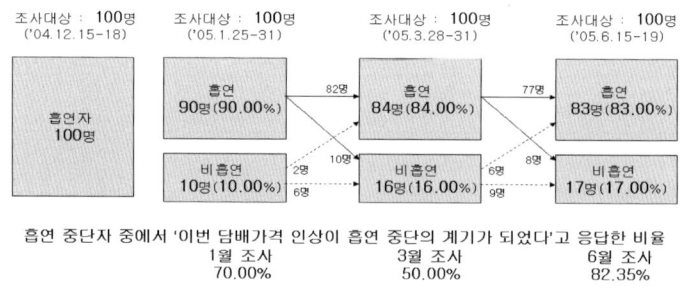

295-395만 원 미만 소득층의 흡연 상태 변화를 살펴보면 시간이 경과함에 따라 흡연율이 90.4%까지 떨어진 것으로 나타났다.

〈그림 Ⅲ-11〉 담배가격인상 후, 시간 경과에 따른 흡연 상태
변화(295-395만 원)

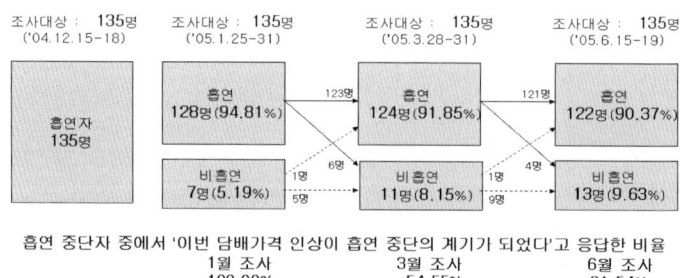

395-495만 원 미만 소득층의 흡연 상태 변화를 살펴보면 시간
이 경과함에 따라 흡연율이 89.7%까지 떨어졌다가 6월 조사 때
91.4%로 소폭 상승하였으며 다른 소득계층과 비교하여 495만 원
이상의 고소득층과 더불어 흡연율이 가장 높은 것으로 나타났다.

〈그림 Ⅲ-12〉 담배가격인상 후, 시간 경과에 따른 흡연 상태
변화(395-495만 원)

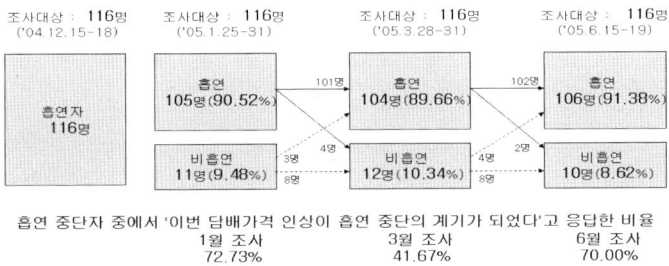

495만 원 이상 고소득층의 흡연 상태 변화를 파악한 결과, 시
간이 경과함에 따라 흡연율이 91.4%까지 떨어졌으나 전반적으로
흡연율이 가장 높은 것으로 나타났다.

〈그림 Ⅲ-13〉 담배가격인상 후, 시간 경과에 따른 흡연 상태
변화(495만 원 이상)

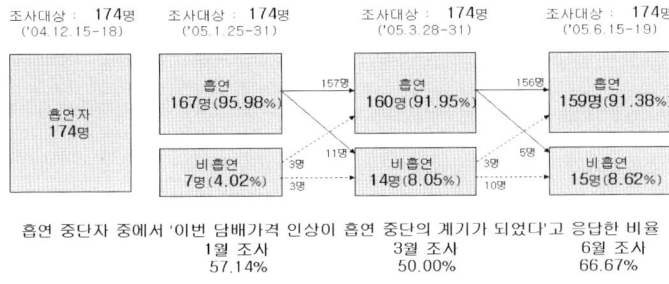

소득계층별로 일평균 흡연량 변화를 파악한 결과, 해당 시기의 흡연 중단자를 포함한 경우와 포함하지 않은 경우 모두 195만 원 미만 소득계층에서 가장 큰 폭으로 흡연량이 감소한 것으로 나타났으며, 소득수준이 올라갈수록 흡연량 감소 효과가 줄어드는 경향이 있는 것으로 나타났다.

〈표 3-17〉 소득별 일평균 흡연량 변화(추적관찰 완료 572명, 단위: %)

		04.12	05.1	05.3	05.6	Δ(05.6-04.12)
해당 시기의 흡연 중단자 포함	195만 원 미만	18.43	15.11	15.02	12.60	5.83
	195-294	15.35	12.24	11.85	11.46	3.89
	295-394	17.32	15.07	15.08	14.50	2.82
	394-494	15.83	12.73	13.07	12.68	3.15
	495만 원 이상	18.39	15.66	15.78	15.49	2.9
해당 시기의 흡연 중단자 제외	195만 원 미만	18.43	16.14	17.22	15.18	3.25
	195-294	15.35	13.60	14.11	13.80	1.55
	295-394	17.32	15.89	16.42	16.04	1.28
	394-494	15.83	14.07	14.58	13.88	1.95
	495만 원 이상	18.39	16.32	17.16	16.96	1.43

2004년 12월 담배가격인상 전의 가격을 기준으로 연령별 흡연 제품의 가격구성 비율 변화를 파악한 결과, 2000원 이상의 고가담배를 이용하는 비율은 295만 원 이상의 소득계층에서 비슷한 비율을 나타내고 있으며, 195만 원 미만의 소득계층이 가장 낮은 비율을 보이는 것으로 나타났다. 그러나 고가 담배 이용비율 증가율은 195-294만 원, 195만 원 미만 소득계층의 순으로 높은 것으로 나타났다.

〈표 3-18〉 소득별 흡연 제품의 가격구성 비율의 변화
(추적관찰 완료 572명, 단위: %)

		'04.12	'05.1	'05.3	'05.6
195만 원 미만	2000원 미만	44.68	10.64	17.02	21.28
	2000원 이상	55.32	89.36	82.98	78.72
195-294	2000원 미만	45.00	14.00	20.00	19.00
	2000원 이상	55.00	86.00	80.00	81.00
295-394	2000원 미만	31.85	5.93	8.89	10.37
	2000원 이상	68.15	94.07	91.11	89.63
394-494	2000원 미만	28.45	11.21	11.21	9.48
	2000원 이상	71.55	88.79	88.79	90.52
495만 원 이상	2000원 미만	22.41	5.75	10.34	10.34
	2000원 이상	77.59	94.25	89.66	89.66

소득계층별로 금연 경험률과 금연 성공률을 파악한 결과, 추적
관찰 기간 동안에 흡연을 중단한 경험이 저소득층에게서 가장
높은 것으로 나타났다. 즉 담배가격인상이 저소득층이 흡연 중단
을 결심하는 중요한 동기로 작용한 것으로 추정된다.

〈그림 Ⅲ-14〉 월평균 가계소득 수준별 금연 경험자
비율(연령 보정)

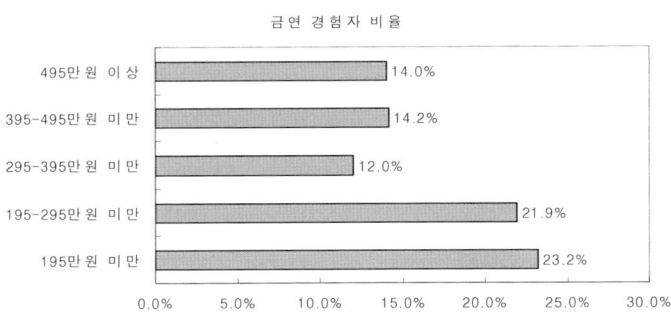

6개월간의 추적관찰 기간 동안 '3개월 이상 흡연을 중단한 비율'과 '6개월 동안 흡연을 중단한 비율'을 파악한 결과, 다른 소득 계층에 비해 크게 뒤쳐지지 않거나 더 높은 금연 성공률을 나타내고 있다.

〈그림 Ⅲ-15〉 월평균 가계소득 수준별 금연자 비율
(3개월 이상, 연령 보정)

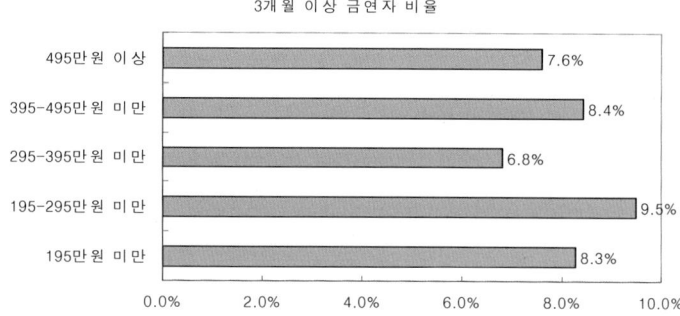

〈그림 Ⅲ-16〉 월평균 가계소득 수준별 금연자 비율
(6개월, 연령 보정)

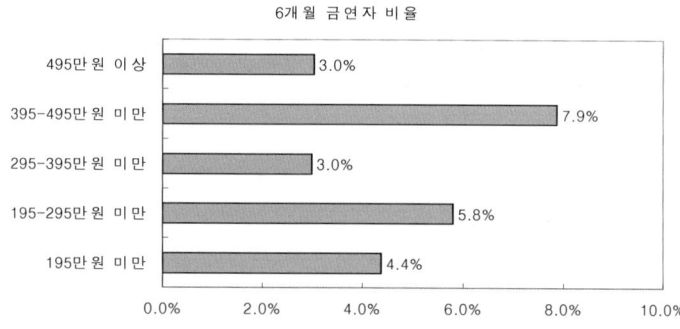

5. 직업별 흡연 상태 변화

가구 소득수준별 흡연 상태 변화를 파악한 결과, 학생의 흡연 량 감소 비율과 흡연 중단 비율이 상대적으로 높은 것으로 나타 났으며, 전문직과 무직의 경우에는 변화 비율이 상대적으로 낮은 것으로 나타났다.

〈표 3-19〉 담배가격인상 후, 시간 경과에 따른 흡연 상태 변화(추적관찰 완료 572명)

		1개월 후		3개월 후		6개월 후	
		흡연량 감소	흡연 중단	흡연량 감소	흡연 중단	흡연량 감소	흡연 중단
전체(572명)		166명 (29.02%)	38명 (6.64%)	141명 (24.65%)	59명 (10.31%)	127명 (22.20%)	63명 (11.01%)
직업	전문직/자유직, 경영/관리직(47명)	15명 (31.91%)	2명 (4.26%)	10명 (21.28%)	5명 (10.64%)	6명 (12.77%)	5명 (10.64%)
	사무/기술직(311명)	90명 (28.94%)	19명 (6.11%)	82명 (26.37%)	34명 (10.93%)	75명 (24.12%)	30명 (9.65%)
	판매/서비스직, 일용/작업직, 생산운수직(70명)	19명 (27.14%)	3명 (4.29%)	15명 (21.43%)	5명 (7.14%)	15명 (21.43%)	5명 (7.14%)
	학생(67명)	23명 (34.33%)	9명 (13.43%)	18명 (26.87%)	9명 (13.43%)	13명 (19.40%)	17명 (25.37%)
	자영업(61명)	16명 (26.23%)	4명 (6.56%)	13명 (21.31%)	5명 (8.20%)	17명 (27.87%)	4명 (6.56%)
	무직(16명)	3명 (18.75%)	1명 (6.25%)	3명 (18.75%)	1명 (6.25%)	1명 (6.25%)	2명 (12.50%)

전문직/관리직의 흡연 상태 변화를 파악한 결과, 2005년 1월에 는 흡연 중단 비율이 4.3%이었으나, 이후에는 10.6%로 흡연 중 단 비율이 증가한 것으로 나타났다. 해당 시기의 신규 흡연 중단

자를 대상으로 담배가격인상이 흡연 중단의 계기가 되었는지를
파악한 결과, 40-60%의 흡연 중단자가 그렇다고 응답하였다.

〈그림 Ⅲ-17〉 담배가격인상 후, 시간 경과에 따른 흡연 상태 변화(전문직/자유직, 경영/관리직)

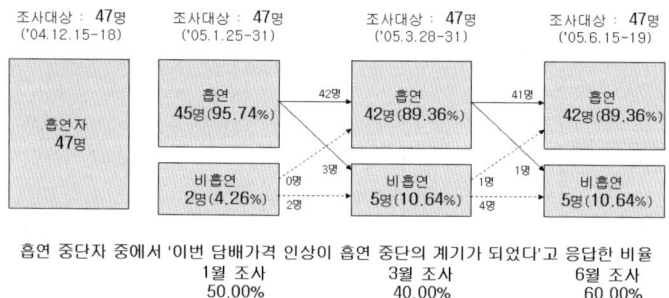

사무/기술직의 흡연 상태 변화를 파악한 결과, 2005년 1월에는
흡연 중단 비율이 4.3%이었으나, 이후에는 10%대로 흡연 중단
비율이 증가한 것으로 나타났다. 해당 시기의 신규 흡연 중단자
를 대상으로 담배가격인상이 흡연 중단의 계기가 되었는지를 파
악한 결과, 담배가격인상 1개월 후에는 84.2%의 흡연 중단자가
그렇다고 응답하였으나, 2005년 6월 조사에서는 그 비율이 56.7%
로 감소하였다.

〈그림 Ⅲ-18〉 담배가격인상 후, 시간 경과에 따른 흡연
상태 변화(사무/기술직)

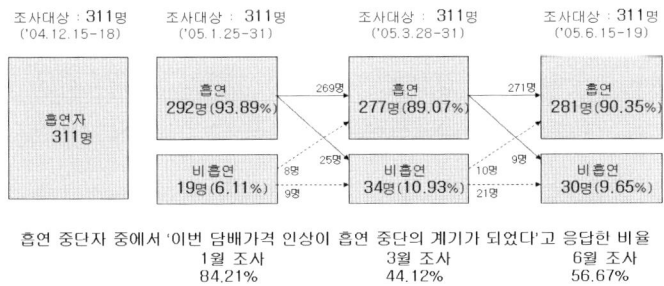

판매/서비스직, 생산운수직의 흡연 상태 변화를 파악한 결과, 2005년 1월에는 흡연 중단 비율이 4.3%이었으나, 이후에는 7%대로 흡연 중단 비율이 증가한 것으로 나타났다. 해당 시기의 신규 흡연 중단자를 대상으로 담배가격인상이 흡연 중단의 계기가 되었는지를 파악한 결과, 담배가격인상 1개월 후에는 33.3%의 흡연 중단자가 그렇다고 응답하였으나, 2005년 6월 조사에서는 그 비율이 60.0%로 증가하였다.

〈그림 Ⅲ-19〉 담배가격인상 후, 시간 경과에 따른 흡연
상태 변화(판매/서비스직, 일용/작업직, 생산운수직)

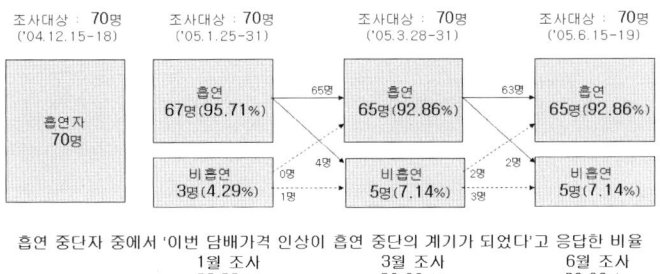

대학생/대학원생의 흡연 상태 변화를 파악한 결과, 2005년 1월
과 3월에는 흡연 중단 비율이 13.4%이었으나, 이후에는 25.4%로
흡연 중단 비율이 증가한 것으로 나타나 다른 직업군에 비해 흡
연 중단 비율이 높은 것으로 나타났다. 해당 시기의 신규 흡연
중단자를 대상으로 담배가격인상이 흡연 중단의 계기가 되었는
지를 파악한 결과에서도 가장 높은 비율을 보이는 것으로 나타
났다(무직 제외).

〈그림 Ⅲ-20〉 담배가격인상 후, 시간 경과에 따른 흡연 상태 변화(학생)

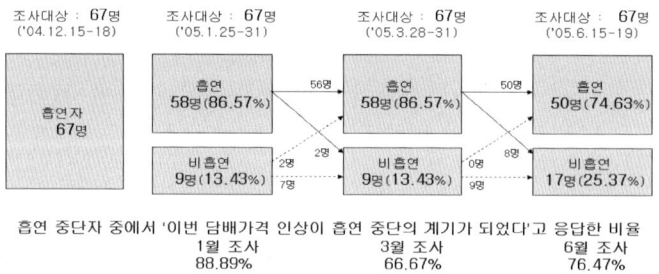

자영업 종사자의 흡연 상태 변화를 파악한 결과, 6-8%대의 흡
연 중단 비율을 보이는 것으로 나타났다.

〈그림 Ⅲ-21〉 담배가격인상 후, 시간 경과에 따른 흡연
상태 변화(자영업)

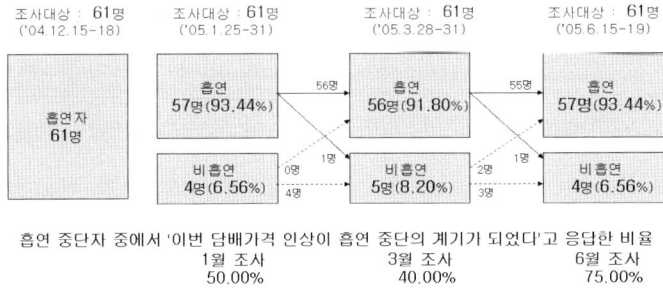

흡연 중단자 중에서 '이번 담배가격 인상이 흡연 중단의 계기가 되었다'고 응답한 비율
1월 조사	3월 조사	6월 조사
50.00%	40.00%	75.00%

　　무직의 경우에는 각 조사 시기별 흡연 중단 비율이 6.3%, 6.3%, 12.5% 수준인 것으로 나타났다. 그리고 해당 시기의 모든 흡연 중단자가 담배가격인상의 영향을 받아 흡연을 중단했다고 응답했다. 그러나 무직의 경우에는 표본 수가 적기 때문에 대표성 있는 결과로 받아들이기에는 한계가 있다.

〈그림 Ⅲ-22〉 담배가격인상 후, 시간 경과에 따른 흡연
상태 변화(무직)

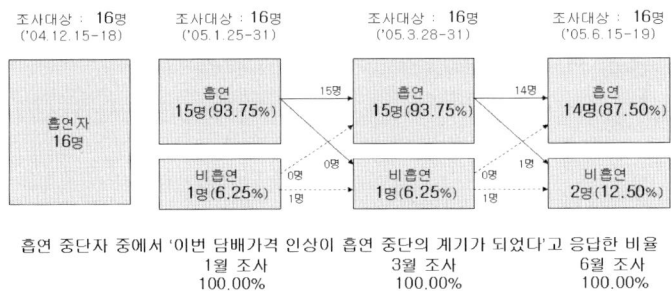

흡연 중단자 중에서 '이번 담배가격 인상이 흡연 중단의 계기가 되었다'고 응답한 비율
1월 조사	3월 조사	6월 조사
100.00%	100.00%	100.00%

　직업군별로 일평균 흡연량 변화를 파악한 결과, 해당 시기의 흡연 중단자를 포함한 경우와 포함하지 않은 경우 모두 전문직/관리직과 판매/서비스 및 생산운수직의 흡연량 감소폭이 가장 두드러진 것으로 나타났다. 해당 시기의 흡연 중단자를 제외한 경우에는 학생의 흡연량이 오히려 늘어난 것으로 나타났는데, 이는 학생의 흡연 중단 비율이 가장 높은 동시에 흡연 중단을 하지 않는 학생의 경우에는 흡연량 감소가 크지 않은 데서 기인하는 결과로 해석될 수 있다.

〈표 3-20〉직업별 일평균 흡연량 변화(추적관찰 완료 572명, 단위: %)

		04.12	05.1	05.3	05.6	Δ(05.6-04.12)
해당 시기의 흡연 중단자 포함	전문직/자유직, 경영/관리직	20.26	15.49	15.70	14.94	5.32
	사무/기술직	16.95	14.46	14.39	13.94	3.01
	판매/서비스직, 일용/작업직, 생산운수직	19.24	15.34	15.24	14.97	4.27
	학생	12.54	10.34	10.30	9.37	3.17
	자영업	17.23	14.87	15.62	14.98	2.25
	무직	19.69	17.00	16.50	14.69	5
해당 시기의 흡연 중단자 제외	전문직/자유직, 경영/관리직	20.26	16.18	17.57	16.71	3.55
	사무/기술직	16.95	15.40	16.16	15.43	1.52
	판매/서비스직, 일용/작업직, 생산운수직	19.24	16.03	16.42	16.12	3.12
	학생	12.54	11.95	11.90	12.56	-0.02
	자영업	17.23	15.91	17.02	16.03	1.2
	무직	19.69	18.13	17.60	16.79	2.9

　2004년 12월 담배가격인상 전의 가격을 기준으로 연령별 흡연제품의 가격구성 비율 변화를 파악한 결과, 모든 직업군에서 이

전에 비해 고가 담배 이용비율이 높아진 것으로 나타났다. 2005년 6월 현재, 학생의 고가 담배 이용비율이 가장 낮은 것으로 나타났으며, 고가 담배 이용비율 증가율은 자영업 종사자에게서 가장 높은 것으로 나타났다.

〈표 3-21〉 직업별 흡연 제품의 가격구성 비율의 변화
(추적관찰 완료 572명, 단위: %)

		'04.12	'05.1	'05.3	'05.6
전문직/자유직, 경영/관리직	2000원 미만	25.53	6.38	12.77	12.77
	2000원 이상	74.47	93.62	87.23	87.23
사무/기술직	2000원 미만	30.87	8.04	12.22	10.93
	2000원 이상	69.13	91.96	87.78	89.07
판매/서비스직, 일용/작업직, 생산운수직	2000원 미만	27.14	5.71	10.00	8.57
	2000원 이상	72.86	94.29	90.00	91.43
학생	2000원 미만	43.28	14.93	14.93	25.37
	2000원 이상	56.72	85.07	85.07	74.63
자영업	2000원 미만	34.43	9.84	13.11	9.84
	2000원 이상	65.57	90.16	86.89	90.16
무직	2000원 미만	25.00	12.5	12.5	18.75
	2000원 이상	75.00	87.5	87.5	81.25

제2절 비흡연자의 흡연 상태 변화

300명의 비흡연자 및 금연자의 연령 구성은 20대가 81명(27%), 30대가 93명(31%), 40대가 82명(27%), 50대가 44명(15%)이었으며, 직업별로는 사무/기술직이 112명으로 가장 많은 비중을 차지했으며, 판매/서비스 및 생산운수직(56명), 학생(49

명), 자영업(45명)의 순이었다. 월 소득은 195만 원 미만이 31명
이었으며, 195~295만 원 미만이 83명, 295~395만 원 미만이 83
명, 395~495만 원 미만이 47명, 495만 원 이상이 56명을 차지하
고 있었다. 젊은층 연령대의 추적관찰조사 탈락률이 더 높았으나,
가구 소득과 직업군별로는 추적관찰조사 완료자와 탈락자 간의
큰 차이는 없었다.

〈표 3-22〉 설문응답자의 특성(비흡연자: 300명, 단위: 명, %)

변수	범주	응답자		탈락자		합계
	전체	198		102		300
나이	20-29	46	(23.2)	35	(34.3)	81
	30-39	58	(29.3)	35	(34.3)	93
	40-49	61	(30.8)	21	(20.6)	82
	50 이상	33	(16.7)	11	(10.8)	44
	평균	39.1		35.8		38.0
교육 수준	중졸	2	(1.0)	0	(0.0)	2
	고졸	50	(25.3)	22	(21.6)	72
	대졸	146	(73.7)	80	(78.4)	226
가구 수입	195만 원 미만	20	(10.1)	11	(10.8)	31
	195-294	49	(24.8)	34	(33.3)	83
	295-394	58	(29.3)	25	(24.5)	83
	394-494	36	(18.2)	11	(10.8)	47
	495만 원 이상	35	(17.7)	21	(20.6)	56
직업	전문직/자유직, 경영/관리직	21	(10.6)	9	(8.8)	30
	사무/기술직	78	(39.4)	34	(33.3)	112
	판매/서비스직, 일용/작업직, 생산운수직	36	(18.2)	20	(19.6)	56
	학생	28	(14.1)	21	(20.6)	49
	자영업	30	(15.2)	15	(14.7)	45
	무직	5	(2.5)	3	(2.9)	8

추적관찰조사를 완료한 198명을 대상으로 조사 시기별 흡연 상태를 파악한 결과, 2005년 1월 조사에서 6.6% 수준이던 흡연율이 2005년 3월 조사에서는 10.3%, 2005년 6월 조사에서는 11.0%로 증가한 것으로 나타났다. 그러나 비흡연자의 흡연 상태 변화는 표본 수가 적기 때문에 대표성 있는 결과로 해석하기에는 제한점이 있다.

〈그림 Ⅲ-23〉 담배가격인상 후, 시간 경과에 따른 흡연 상태 변화(비흡연자)

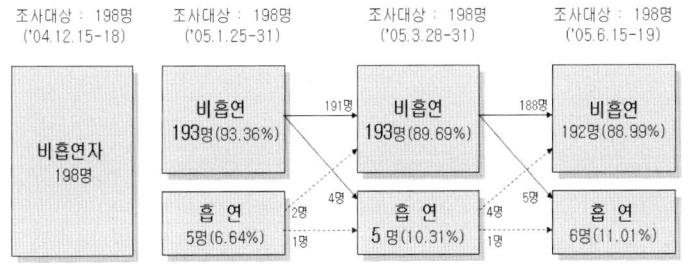

제4장

담배가격인상에 따른

가격탄력성 변화 분석

담배수요의 가격탄력성은 담배수요함수로부터 산출된다. 담배 가격의 변화와 수요량의 변화에 대한 자료가 주어질 경우 기초적인 담배수요함수를 구성할 수 있다. 이에 덧붙여서 소득과 개인의 특성에 관한 정보가 주어진다면 보다 신뢰성 있는 담배수요함수의 추정이 가능하게 된다. 작년 연말의 담배가격인상 전과 가격인상이후 3개월, 6개월 후까지의 흡연양태 조사 자료는 개인단위의 단기적인 담배수요함수를 추정하기 위한 매우 적절한 자료이다.

단기적인 담배수요함수로부터 산출되는 가격탄력도와 비교하기 위하여 1985년 이후의 도시가계 원시자료를 통계청과 통계협회를 통하여 구입하였다. 도시가계지출에 대한 월별지출을 대분류, 중분류, 세분류 항목까지 모두 포함하고 있는 도시가계 원시자료는 가계단위로 가격과 소득의 변화에 따르는 소비행위를 파악하기 위하여 가장 적합한 자료이다.

특히 도시가계 지출에 관한 원시자료는 가구특성별로 담배수요의 가격탄력성을 분석할 수 있는 장점을 지니고 있다. 가계지출 가운데 가장 중심적인 지출항목인 식료품, 담배, 보건의료, 교육, 및 기타 지출의 다섯 항목으로 전체 지출을 재구성하여서 다섯 개의 수요방정식들로 구성된 수요체계(Demand System)를 추정하게 된다.

제1절 담배수요의 단기 가격 탄력성

담배가격인상에 따른 흡연량의 변화를 파악하기 위한 기본적인 방법이 흡연량 수요함수의 추정이다. 2004년 12월 30일 기준으로 500원 인상된 담배가격으로 인하여 1개월 3개월 및 6개월 후의 변화된 흡연량을 종속변수로 하고 가격 변화 폭과 응답자 특성들을 독립변수로 하여 흡연 수요방정식을 추정할 수 있다.

가격인상 후 흡연자들의 흡연여부를 살펴보면 가격인상에 따라 흡연량을 줄인 경우, 변하지 않은 경우 그리고 매우 드문 경우이기는 하지만 흡연량을 늘린 경우가 나타난다. 이들 각 경우에 대하여 변화된 흡연량을 종속변수로 취하였으며, 개인별 가격변화 폭, 소득수준, 연령, 학력 등을 독립변수로 하고 지역과 흡연 중단 및 흡연 상태를 더미변수의 형태로 취하여서 흡연량 소비함수를 추정하고 추정된 계수들로부터 가격탄력성을 산출할 수 있다.

1. 분석자료

단기 탄력성 추정 자료는 (주)나우앤퓨쳐에서 조사한 '담배가격에 대한 인식 및 태도 조사' 자료이다. 조사는 담뱃값 인상 1개월 후, 3개월 후, 6개월 후로 나누어 조사를 하였으며 성인 남자와 서울·인천·경기지역을 대상으로 조사를 시행하였다. 가격인

상 전후 조사에서 응답자들을 대상으로 한 흡연량 변화는 하루
에 흡연하는 담배 개비 수로 조사되었다. 담배가격의 변화는 제
품 별로 인상 전 가격과 인상 후 가격을 기준으로 작성되었다.

추정과정에서 사용된 변수들의 정의와 범주는 다음과 같다. 흡
연량은 가격인상 전과 가격인상 1개월 3개월 6개월 후의 흡연량
차이를 각각 dq1, dq3, dq6로 나타내었다. 담배가격이 인상된 후
담배의 브랜드를 바꾸었는가에 따라 담배가격의 차이가 달라진
다. 가격의 차이 역시 기간별로 1개월 3개월 6개월로 각각 dp1,
dp3, dp6로 나타내었다. 소득 연령 학력 지역구분 흡연 양태 변
화여부 등 응답자 특성에 대한 정의는 다음 표와 같다.

〈표 4-1〉 가격인상 전후 흡연 양태 및 응답자 특성

변수명		정 의
흡연량 및 가격	dq1	1개월 후 흡연량 변화 폭
	dq3	3개월 후 흡연량 변화 폭
	dq6	6개월 후 흡연량 변화 폭
	dp1	1개월 후 가격 변화 폭
	dp3	3개월 후 가격 변화 폭
	dp6	6개월 후 가격 변화 폭
응답자 특성	y	소득 수준
	age	연령 구분
	edu	교육 수준
	dumr	지역 더미변수
	dum1	흡연 중단 더미변수
	dum2	흡연시작 더미변수

구체적인 응답자 특성변수에 대한 정의들이 다음 표에 나타나
있다. 조사자 소득수준은 95만 원 미만, 95만 원 이상－195만 원

미만, 195만 원 이상 - 295만 원 미만, 295만 원 이상 - 395만 원 미
만, 395만 원 이상 - 495만 원 미만, 495만 원 이상의 6등급으로 구
분하여 1에서 6까지의 값을 부여하였다. 교육수준은 중졸이하, 고
졸, 대재, 대졸이상의 4등급으로 구분하여 0에서 4까지의 값을 부
여하였으며, 조사자 연령은 20-30세, 30-40세, 40-50세, 50-60세,
60세 이상의 5등급으로 구분하여 1에서 5까지의 값을 부여하였다.

  이외에 각 조사 기간별로 흡연 중단과 흡연시작에 대한 더미
변수의 형태로 정의하여 분석에 활용하였다.

<h4>〈표 4-2〉 응답자 특성 변수</h4>

변 수 명	값	정 의
소 득(y)	1	95만 원 미만
	2	95만 원 이상 - 195만 원 미만
	3	195만 원 이상 - 295만 원 미만
	4	295만 원 이상 - 395만 원 미만
	5	395만 원 이상 - 495만 원 미만
	6	495만 원 이상
연 령(age)	1	20세 이상 - 30세 미만
	2	30세 이상 - 40세 미만
	3	40세 이상 - 50세 미만
	4	50세 이상 - 60세 미만
	5	60세 이상
교 육(edu)	1	중졸이하
	2	고 졸
	3	대 재
	4	대졸이상
지 역(dumr)	1	서울
	0	인천 · 경기
흡연 중단여부(dum1)	1	흡연에서 금연을 한 사람
	0	이외 모든 사람
흡연 시작여부(dum2)	1	비흡연에서 흡연을 시작한 사람
	0	이외 모든 사람

2. 추정모형

이번의 담배가격인상은 브랜드나 품질 변화 없이 순수하게 가격만 인상되었다. 담배의 종류에 따라 가격의 차이가 나기 때문에 흡연자들은 고가 담배에서 저가 담배로 담배종류를 바꿀 수 있다. 따라서 흡연량의 변화를 종속변수로 취하고 개인별 담배가격 변화를 독립변수로 취한 개인단위의 담배 수요함수 기본 식은 다음과 같다.

$$\Delta Q = f(\Delta P;\ M,\ C,\ D) \tag{1}$$

$\quad$ 단 ΔQ : 흡연량의 변화 폭

$\qquad \Delta P$: 가격의 변화 폭

$\qquad M$: 응답자 개별특성들의 교차효과

$$M = f(Y,\ A,\ E,\ )$$

$\qquad Y$: 소득

$\qquad A$: 연령

$\qquad E$: 교육

$\quad C$: $\Delta P \times M$

$\quad D$: 더미변수(흡연중단더미, 흡연시작더미, 지역더미)

이제 수요함수를 선형 회귀 방정식으로 나타내면 식(2)와 같다.

$$\Delta Q = \alpha + \beta_1 \Delta P + \beta_2 M + \beta_3 C + \beta_4 D + \varepsilon \tag{2}$$

탄력성을 구하기 위해 양변을 ΔP로 나누고 각 독립변수의 평균을 대입하면 가격의 변화에 대한 수요량의 변화율(연속함수의 경우라면 dq/dp)을 산출할 수 있다.

$$\frac{\widehat{\Delta Q}}{\Delta P} = \frac{\alpha}{\Delta P} + \beta_1 \frac{\Delta P}{\Delta P} + \beta_2 \frac{\overline{M}}{\Delta P}$$

$$+ \beta_3 \frac{\overline{C}}{\Delta P} + \beta_4 \frac{\overline{D}}{\Delta P} \tag{3}$$

식(3)의 변화율에 담배가격과 흡연량의 평균비율을 식(4)와 같이 곱해주면 가격 탄력성을 산출할 수 있다.

$$\eta = \frac{\widehat{\Delta Q}}{\Delta P} \times \frac{(P1 + P2)/2}{(Q1 + Q2)/2} \tag{4}$$

흡연량 변화에 대한 담배수요함수의 추정 방법으로는 단순 선형 회귀 방식을 적용하였고 SAS Proc Reg를 사용하였다. 추정계수가 가격에 대한 탄력성의 형식으로 표시되도록 하기 위하여 흡연량과 가격의 변화량을 산출하여 탄력성을 계산하였다.

3. 추정결과

〈표 4-2〉에 정의된 변수들로서 가격변화, 소득의 차이 및 응답

자 특성들의 복합적인 효과를 각 변수들의 교차항들로 나타내어서 다양한 시도 결과 얻어진 각 기간별 담배수요함수에 사용된 변수들은 다음과 같다. 예로써 가격인상 1개월 후 담배수요함수에서 종속변수는 담배 개비 수로 측정된 가격인상 전후의 일일 흡연량 차이이다. 하루 한 갑 피우던 사람이 가격인상 후 동일한 브랜드의 담배를 반 갑으로 줄였다면 종속변수는 −10개비가 된다.

가격인상 1개월 후 담배수요함수에서 독립변수들로는 가격의 변화폭(dq1) 소득과 교육과 가격 변화폭의 교차항(y edu dp1), 소득과 가구주 연령과 가격 변화폭의 교차항(y age dp1) 등으로 구성됨을 나타낸다.

〈표 4-3〉 단기 담배수요함수의 추정에 사용된 변수들

가격인상 1개월 후 담배수요함수	가격인상 3개월 후 담배수요함수	가격인상 6개월 후 담배수요함수
dp1	dp3	eyp(y×dp6)
byep(y×edu×dp1)	cyep(y×edu×dp3)	eap(age×dp6)
byap(y×age×dp1)	cyap(y×age×dp3)	eye(y×edu)
baep(age×edu×dp1)	caep(age×edu×dp3)	eydum1(y×edum1)
byaep (y×age×edu×dp1)	cyaep (y×age×edu×dp3)	eyedum1 (y×edu×edum1)
bdumrp(bdumr×dp1)	cdumrp(cdumr×dp3)	edumrp(edumr×dp6)
bdum1	cdum1	edum1
bdum2	cdum2	edum2

각 기간별 단기 담배수요함수는 변수들의 구성에서 다양한 시도를 거쳐서 그 함수형태를 선택하였기 때문에 각 방정식이 서로 상이하다. 기간별로 구분하기 위하여 편의상 1개월 후의 각 독립변수들에는 b, 3개월 후는 c, 6개월 후는 e를 앞에 붙여서 나타내었다. 가격의 변화폭은 1개월 후는 dp1, 3개월 후는 dp3, 6개월 후는 dp6로 각각 표시하였다. 이렇게 추정한 방정식들이 다음과 같다.

추정결과 거의 대부분의 변수들이 유의수준 5% 내에서 유의하였으며 검정결과 오차항의 자기상관과 이분산성은 존재하지 않았다. 따라서 OLS 추정이 가장 효과적인 방법이라고 할 수 있다. 이제 추정된 각 기간별 담배수요함수들의 계수들을 활용하여 다음의 평균값들을 대입하는 과정을 거쳐서 가격탄력성들을 산출할 수 있다.

〈표 4-4〉 추정 결과(표본의 수)

가격인상 1개월 후 담배수요함수(678)			가격인상 3개월 후 담배수요함수(627)			가격인상 6개월 후 담배수요함수(570)		
변수	추정값	Pr>|t|	변수	추정값	Pr>|t|	변수	추정값	Pr>|t|
상수	2.2254**	0.0124	상수	1.5408**	0.0418	상수	0.4901	0.5882
dp1	0.0075***	0.0083	dp3	0.0064**	0.0353	eyp	0.0011***	0.0058
byep	−0.0003**	0.0114	cyep	−0.0003**	0.0464	eap	−0.0011**	0.0288
byap	0.0011***	<.0001	cyap	−0.0009***	0.0007	eye	0.1425**	0.0128
baep	−0.0006**	0.0170	caep	−0.0006**	0.0334	eydum1	3.0560**	0.0186
byaep	0.0004***	0.0002	cyaep	0.0003***	0.0027	eyedum1	−0.5941**	0.0435
bdumrp	0.0015**	0.0382	cdumrp	0.0002	0.7607	edumrp	−0.0012	0.1982
bdum1	11.4809***	<.0001	cdum1	11.2280***	<.0001	edum1	6.6420**	0.0115
bdum2	−11.3105***	<.0001	cdum2	−9.5557***	<.0001	edum2	−6.7672***	0.0022
D.W	2.143		D.W	2.025		D.W	1.986	
R-Square	0.3519		R-Square	0.3273		R-Square	0.2428	

주) **, ***는 각각 유의수준 5%, 1%에서 통계적으로 유의함을 나타냄

즉 식(3)의 정의에 따라 각 기간별로 가격변화에 대한 흡연량 변화율 산출 식을 계산한 후 추정된 계수 값과 각 변수의 평균치를 대입하고 기간별로 $((p1+p2)/2)/((q1+q2)/2)$를 곱하면 식(4)의 가격탄력성 추정치를 산출할 수 있다.

또한 계산과정에서 유의수준을 벗어나는 변수의 계수 값은 귀무가설의 가정에 따라 0으로 놓고 계산을 하였다. 각 응답자 특성변수의 평균값을 대입하면 흡연수요의 전체적인 가격탄력성을 산출하게 되고 각 응답자 특성별 구분 값을 대입하면 각 특성별 가격탄력성을 산출할 수 있다. 여기서는 기간별로 평균적인 전체 가격 탄력성들을 산출하였다. 가격인상 1개월 후, 3개월 후, 6개

월 후의 담배가격 탄력성은 각각 −0.6853, −0.6230, −0.5482로
추정되어 가격인상 후 가격에 대한 탄력성은 시간이 경과함에
약간 낮아지고 있다.

<표 4-5> 변수의 평균값

1개월 후		3개월 후		6개월 후	
변수명	평균값	변수명	평균값	변수명	평균값
dq1	2.5590	dq3	2.2823	dq6	2.8412
dp1	−505.6047	dp3	−507.6555	dp6	−515.6140
bye	15.8909	cye	16.4912	ey	4.5667
bya	10.0383	cya	9.8405	eage	2.2140
bae	7.9720	cae	7.9841	eye	16.7351
byae	36.0973	cyae	36.2217	eydum1	0.4614
bdumr	0.4661	cdumr	0.4737	eyedum1	1.6789
bdum1	0.0811	cdum1	0.0957	edum1	0.1088
bdum2	0.0088	cdum2	0.0096	edum2	0.0140

비흡연자를 포함하여 담배수요의 단기가격탄력성을 추정해 볼
수 있다. <표 4-2>에 정의된 변수들로서 가격변화, 소득의 차이
및 응답자 특성들의 복합적인 효과를 각 변수들의 교차항들로
나타내어서 다양한 시도 결과 얻어진 각 기간별 담배수요함수에
사용된 변수들은 다음과 같다. 예로써 가격인상 1개월 후 담배수
요함수에서 종속변수는 담배개비수로 측정된 가격인상 전후의
일일 흡연량 차이이다. 하루 한 갑 피우던 사람이 가격인상 후
동일한 브랜드의 담배를 반 갑으로 줄였다면 종속변수는 −10개
비가 된다.

가격인상 1개월 후 담배수요함수에서 독립변수들로는 가격의 변화폭(dq1) 소득과 교육과 가격 변화폭의 교차항(y edu dp1), 소득과 가구주 연령과 가격 변화폭의 교차항(y age dp1) 등으로 구성됨을 나타낸다.

〈표 4-6〉 비흡연자를 포함한 단기 담배수요함수의 추정에 사용된 변수들

가격인상 1개월 후 담배수요함수	가격인상 3개월 후 담배수요함수	가격인상 6개월 후 담배수요함수
dp1	dp3	eyp(y×dp6)
byep(y×edu×dp1)	cyep(y×edu×dp3)	eap(age×dp6)
byap(y×age×dp1)	cyap(y×age×dp3)	eye(y×edu)
baep(age×edu×dp1)	caep(age×edu×dp3)	eydum1(y×edum1)
byaep (y×age×edu×dp1)	cyaep (y×age×edu×dp3)	eyedum1 (y×edu×edum1)
bdumrp(bdumr×dp1)	cdumrp(cdumr×dp3)	edumrp(edumr×dp6)
bdum1	cdum1	edum1
bdum2	cdum2	edum2

각 기간별 단기 담배수요함수는 변수들의 구성에서 다양한 시도를 거쳐서 그 함수형태를 선택하였기 때문에 각 방정식이 서로 상이하다. 기간별로 구분하기 위하여 편의상 1개월 후의 각 독립변수들에는 b, 3개월 후는 c, 6개월 후는 e를 앞에 붙여서 나타내었다. 가격의 변화폭은 1개월 후는 dp1, 3개월 후는 dp3, 6개월 후는 dp6로 각각 표시하였다. 이렇게 추정한 방정식들이 다음과 같다.

추정결과 거의 대부분의 변수들이 유의수준 5% 내에서 유의

102

하였으며 검정결과 오차항의 자기상관과 이분산성은 존재하지 않았다. 따라서 OLS 추정이 가장 효과적인 방법이라고 할 수 있다. 이제 추정된 각 기간별 담배수요함수들의 계수들을 활용하여 다음의 평균값들을 대입하는 과정을 거쳐서 가격탄력성들을 산출할 수 있다.

〈표 4-7〉 비흡연자를 포함한 추정 결과(표본의 수)

가격인상 1개월 후 담배수요함수(952)			가격인상 3개월 후 담배수요함수(886)			가격인상 6개월 후 담배수요함수(763)		
변수	추정값	Pr>|t|	변수	추정값	Pr>|t|	변수	추정값	Pr>|t|
상수	2.8481***	〈.0001	상수	2.1327***	0.0002	상수	0.7882	0.2248
dp1	0.0059***	0.002	dp3	0.0037*	0.0735	eyp	0.0007**	0.0156
byep	−0.0002**	0.0454	cyep	−0.0001	0.2919	eap	−0.0007**	0.0371
byap	−0.0007***	〈.0001	cyap	−0.0006***	0.0016	eye	0.0919**	0.0243
baep	−0.0004**	0.0353	caep	−0.0002	0.2488	eydum1	2.3385**	0.0387
byaep	0.0002***	0.0012	cyaep	0.0002**	0.0253	eyedum1	−0.4794*	0.0616
bdumrp	−4.0392***	〈.0001	cdumrp	−2.9567***	〈.0001	edumrp	−0.0008	0.2800
bdum1	0.0009*	0.0697	cdum1	0.0001	0.8224	edum1	−6.8304***	0.0021
bdum2	5.9626***	0.0003	cdum2	6.7246***	0.0002	edum2	5.9551***	0.0019
D.W	2.1337		D.W	2.0087		D.W	2.0173	
R-Square	0.0930		R-Square	0.0640		R-Square	0.0785	

주) **, ***는 각각 유의수준 5%, 1%에서 통계적으로 유의함을 나타냄
( ) 안은 추정에 사용된 표본의 수

〈표 4-8〉 개인단위 단기 가격탄력성

기 간	1개월 후	3개월 후	6개월 후
가격 탄력성	−0.6853	−0.6230	−0.5482
비흡연자 포함	−0.3920	−0.3739	−0.3481

4. 2005년 추정결과와의 비교

이전 연구와의 비교를 위해 2005년도의 추정모형을 간단히 살펴보고자 한다. 자료에 대한 설명은 2006년과 동일하며 추정에 사용된 변수는 다음과 같다.

〈표 4-9〉 추정에 사용된 변수의 정의

변수명	추정에 사용된 변수의 정의
dQ	흡연량 변화: (bq3−q3)
dP	담배가격 변화: (p2−p1)
DM	흡연 양태 변화 더미: 담배를 끊었거나 다시 피우면 1, 아니면 0
DJ	직종 더미: 사무직 1, 기타 0
DR	지역 더미: 서울지역은 1, 경기 인천 지역은 0
DM dP	지역더미×가격변화(DM×dP)
Y dP	소득×가격변화(Y×dP)
A dP	연령×가격변화(A×dP)
E dP	교육×가격변화(E×dP)
AE dP	연령×교육×가격변화(A×E×dP)
YAE dP	소득×연령×교육×가격변화(Y×A×E×dP)
DJ dP	직종×가격변화(DJ×dP)
DR dP	지역×가격변화(DR×dP)

〈표 4-10〉 흡연량 변화 수요함수의 추정결과

변수명	추정 계수	t-값
상수항	4.0269	1.81
소득×연령(Y A)	−1.4757*	1.63
소득×연령×교육(Y A E)	0.3284*	1.53
담배가격 변화 : dP	0.0113	2.30
Y E dP	−0.0003	2.48
Y A dP	−0.0040	2.21
A E dP	−0.0006	2.13
Y A E dP	0.0010	2.31
DM dP	−0.0232	16.95
DR dP	0.0012*	1.65
Adj R-Square	0.3131	

주) *는 추정치의 유의성이 90%에 미치지 못힘

〈표 4-11〉 탄력성 산출을 위한 응답자 특성별 평균값

변수명	평균값
소득×교육(YE)	15.8908
소득×연령(YA)	10.0383
연령×교육(AE)	7.97197
소득×연령×교육(YAE)	36.0973
흡연양태변화(DM)	0.0811
지역(DR)	0.4660

〈표 4-10〉의 추정한 방정식에서 변화율의 개념인 dQ/dP 산출할 수 있는 공식을 다음과 구할 수 있다. 이제 이 공식에 각 변수의 평균치(표 4-11)를 대입하고 P/Q를 곱하면 가격탄력성 추정치를 산출할 수 있다.

$$dQ/dP = 0.0113 - 0.0003 - YE - 0.0040 \times YA - 0.0006 \times AE + 0.0010 \times YAE - 0.0232 \times DM + 0.0012 \times DR = -0.0029$$

〈가격탄력성(Ep)〉

$$Ep = (dP/dQ) \times (P/Q) = -0.0029 \times 135.9730 = -0.3897$$

12월 30일 500원 인상으로 흡연량이 줄어든 결과를 담배소비 함수 추정을 통하여 산출한 결과 담배의 가격탄력성은 -0.3897 정도로 산출되었다.

이처럼 2005년 추정결과와 담배수요의 개인추적 관찰 자료를 이용한 결과가 다소 상이하게 나타난 것은 크게 두 가지 요인 때문이다. 첫째는 추정 자료의 구성이 다르고 둘째로는 수요함수 의 형태가 다르기 때문이다.

추정 자료의 경우 2005년 분석의 경우에는 947개의 데이터가 사용되었으며 2006년의 경우에는 678개의 데이터가 사용되었다. 2005년도의 분석이 흡연자와 비흡연자 모두를 대상으로 하여 담 배의 가격 탄력성을 분석하였다면 2006년도 분석에서는 1, 2차 조사 기간 동안 한번도 흡연을 하지 않았던 비흡연자를 제외한 흡연자만을 대상으로 분석을 시도하였기 때문에 데이터가 678개 로 줄어들게 되었다.

추정된 수요함수의 경우 2005년의 분석이 앞서 설명한 것처럼 흡연자와 비흡연자 모두를 대상으로 한 반면 2006년의 분석은 한번이라도 흡연을 했던 사람만을 대상으로 하였다. 이처럼 분석 대상이 달라짐에 따라 수요모형도 달라져야만 한다. 많은 수요모 형들이 개발되어 이용되고 있다. 2005년도와 2006년의 분석은 다 른 집단을 대상으로 하기 때문에 수요모형의 수정이 반드시 필요하게 되며 추정결과 또한 다르게 나타나게 된다.

2005년도의 가격 탄력성의 추정치는 -0.3897이고 2006년도 가격 탄력성의 추정치는 -0.6853로 나타났다. 2005년도의 분석에서는 비흡연자들이 포함되어 가격 탄력성이 다소 낮게 추정되었는데 이는 비흡연자들이 가격 효과를 어느 정도 상쇄시켰기 때문이다.

일반적으로 담배 수요의 가격탄력성을 추정하는 경우, 자료의 구성과 분석모형의 차이에 따라 추정결과는 다소 상이하게 나타나게 된다. 유럽 각국의 담배수요탄력성의 경우 각국의 가격탄력성은 자국 내 담배수요의 경우 -0.74에서 -0.17 사이로 추정되고 있으며, 수입담배의 경우 -1.13에서 -0.35 사이로 추정되고 있다(Gallus, S. A., & et. al. 2006).

제2절 담배수요의 장기 가격 탄력성

개인 단위로 추적 조사한 흡연량 변화에 따른 담배수요의 가격탄력성 추정은 조사 자체의 특성상 일시적이고 단기적인 효과를 나타낸다. 반면에 장기 시계열 자료를 활용하여 보다 지속적이고 일관성 있는 담배수요의 가격탄력성을 추정할 수 있다. 이를 위하여 본 연구에서는 연도별 자료와 분기별 자료를 가지고 분석을 시도하였다. 먼저 연도별 분석은 1985년에서 2004년 사이의 자료를 활용하여 담배수요의 가격 탄력성을 추정하였고 분기별 분석은 1990년 1분기부터 2004년도의 담배가격인상 이후인

2005년 2분기까지의 도시흡연가구의 원시자료를 가지고 담배수요의 가격 탄력성을 추정하였다. 추정에 사용되는 기본모형은 준이상적 수요체계(Almost Ideal Demand System: AIDS 부록 참조)이고 추정에 활용되는 계량 분석 기법은 표면상 무관 회귀법(Seemingly Unrelated Regression: SUR)이다.

1. 도시가계 미시자료의 구성

담배수요의 장기 가격탄력성 추정을 위하여 본 연구에서는 통계청의 1985년부터 2004년까지의 연도별 자료와 1990년 1분기부터 2005년 2분기까지의 분기별 도시가계 원시자료(micro data)를 이용하였다. 가구특성별로 소득탄력성과 가격탄력성을 분석하기 위해 가계지출항목 가운데 가장 큰 몫을 차지하고 있는 식료품 지출을 중심으로 의료비 지출과 담배 지출 그리고 피복 및 신발 지출을 각각의 독립수요방정식 항목으로 선정하였다. 그리고 기타 모든 항목들(주거, 광열수도, 가구가사, 교양오락, 교통통신, 교육, 기타지출)의 지출은 한 항목으로 합쳐서 모두 5개 부분의 지출이 있는 수요체계를 구성하였다.

〈표 4-12〉 도시가계 미시자료

자료 구분	기 간
연도별 자료	1985년~2004년까지의 시계열
분기별 자료	1990년 1분기~2005년 2분기까지의 시계열

이들 항목들에 대한 물가지수는 2000년 기준의 소비자 물가지수 가중치로 재구성 하였고 각 재화에 대한 지출 몫(the budget share)이 0보다는 크다는 제약조건을 부여해서 지출이 없는 가구를 제외하고 흡연가구들만의 분석을 시도하였다. 또한 가구 및 가구주의 특성은 담배 및 의료비 지출 등의 소비지출에 중요한 변화요소가 되므로 본 연구에서는 가구원 수, 가구주 교육수준, 가구주 연령을 파생변수로 첨가하였다. 외환위기로 우리나라 경제구조의 큰 변화가 있었던 1998년도를 전후하여서는 더미변수로 구분하여 분석을 시도하였으며 분기별 자료의 경우 계절변동을 제거하기 위하여 1분기, 2분기, 3분기의 분기별 더미변수를 추가하였다.

가구의 특성에 대한 파생변수는 다음과 같은 기준으로 나누었다. 먼저 가구주의 교육정도는 무학, 초등학교, 중학교, 고등학교, 전문대학, 대학교, 대학원의 7등급으로 구분하여 0에서 6까지 값을 부여하였다. 가구주 연령별 구분은 20대, 30대, 40대, 50대, 60세 이상으로 나누어 5등급으로 구분하여 1에서 5까지의 값을 부여했다. 마지막으로 가구원 수 구분은 19세 이상 가구원 수(adult)와 19세 미만 가구원 수(children)로 나누어 1에서 8까지 값으로 구분하였다. 소비지출 항목별 소비자 물가지수는 10대분류 소비지출 항목에 대한 연도별 물가지수 자료를 추정에 이용하였다.

〈표 4-13〉 가구주의 교육수준 및 연령 범주

변수명	값	정 의
가구주 교육수준 EDU	0	무 학
	1	초등학교
	2	중 학 교
	3	고등학교
	4	전문대학
	5	대 학 교
	6	대 학 원
가구주 연령구분 GAJANG	1	25세 ~ 30세
	2	30세 ~ 40세
	3	40세 ~ 50세
	4	50세 ~ 60세
	5	60세 이상

각 수요방정식에는 동일한 변수들이 포함되어 있고, 개별 수요량이 동시에 결정되기 때문에 오차항이 서로 상관된다. 따라서 표면상 무관회귀(SUR: Seemingly Unrelated Regressions)방법으로 추정하였으며 추정에는 SAS 9.1를 이용하였다. 또한 자기상관성을 제거하기 위하여 순서 시차 종속변수들(lw1-lw5)을 각 방정식에 포함하는 방식을 취하였다.(Edgerton & et. al., 1996).

2. 추정모형: 준이상 수요체계(Almost Ideal Demand System: AIDS)

1980년 디톤과 뮐봐워(Deaton and Muellbauer)는 AIDS 모형을 도출하였는데 이들은 식(1)과 같은 가격독립적인 일반대수

(Price Independent Generalized Logarithmic: PIGLOG) 형태의 소비자 비용함수로부터 수요체계를 유도해 내고 있다.

(1) $\log c(u, p) = (1 - u) \log a(p) + u \log b(p)$

　　단, c는 소비지출액, u는 효용수준, p는 가격

위의 함수에서 u는 0과 1 사이의 값을 가진다. 이때 u가 0이면 불만족(subsistence)을, 1이면 극대만족(bliss)을 나타내므로 양의 선형동조함수 a(p)와 b(p)는 만족과 불만족에 대한 비용으로 간주할 수 있고 상대적으로 a(p)와 b(p)는 가격의 함수로서 항상 방정식(1)의 수요형태로 유도된다.

구체적인 함수형태로 $\log a(p)$와 $\log b(p)$에 대하여 각각 식(2)와 식(3)과 같이 특정 함수 형태로 나타내고서 식(2)와 식(3)을 식(1)에 대입하면 AIDS 비용함수는 식(4)와 같이 나타낼 수 있다.

(2) $\log b(p) = \log a(p) + \beta_0 \prod_k p_k^{\beta_k}$

(3) $\log a(p) = a_0 + \sum_k \alpha_k \log p_k$

$$+ \frac{1}{2} \sum_k \sum_j \gamma_{kj}^* \log p_k \log p_j$$

(4) $\log c(u, p) = \log a(p) - u \log a(p) + u \log a(p) + u \beta_0 \prod_k p_k^{\beta_k}$

$$= a_0 + \sum_k \alpha_k \log p_k$$

$$+ \frac{1}{2} \sum_k \sum_j \gamma^*_{kj} \log p_k \log p_j + u \beta_0 \prod_k p_k^{\beta_k}$$

위의 비용함수는 재화가격(p_1)에 대하여 선형동차이어야 하므로 다음과 같은 동차성조건을 만족해야 한다.

(5) $\sum_i \alpha_i = 1, \ \sum_k \gamma^*_{kj} = \sum_j \gamma^*_{jk} = \sum_j \beta_j = 0$

이제 수요함수는 식(4)로부터 유도될 수 있는데 가격에 대한 log함수의 도함수가 수요량이라는 비용함수의 기본적 특징인 Shephard 정리를 적용하면, 아래와 같은 지출 몫 식이 도출된다.

(6) $\dfrac{\partial \log c(u, p)}{\partial \log p_i} = \dfrac{\partial c(u, p)}{\partial p_i} \times \dfrac{p_i}{c(u, p)}$

$$= \frac{p_i q_i}{c(u, p)} = w_i$$

단, w_i = i재화의 지출 몫(the budget share)

이제 식(4)와 식(6)을 종합하면 식(7)과 같은 수요체계가 도출된다.

(7) $w_i = \dfrac{\partial \log c(u, p)}{\partial \log p_i}$

$$= a_i + \sum_j \gamma_{ij} \log p_j + u \beta_0 \beta_i \prod_k p_k^{\beta_k}$$

(8) 단, $\gamma_{ij} = \frac{1}{2} (\gamma^*_{ij} + \gamma^*_{ji})$

소비자 비용함수인 식(4)에서 유도되는 식(9)를 식(7)에 대입하여 지출 몫 함수(expenditure share function)로 나타내면, 이론적인 준이상 수요체계(AIDS) 모형이 식(10) 식(11)과 같이 도출된다.

(9) $u \beta_0 \prod_k p_k^{\beta_k} = \log c - a_0 - \sum_k a_k \log p_k -$

$$\frac{1}{2} \sum_k \sum_j \gamma_{kj} \log p_k \log p_j$$

(10) $w_i = a_i + \sum_{j=0}^{n} \gamma_{ij} \ln p_j + \beta_i \ln(E/P^*)$

단, E=c(즉 모든 지출이 소비에 이용되었다)

(11) $\ln P = a_0 + \sum_{k=1}^{n} a_k \ln p_k$

$$+ \frac{1}{2} \sum_{k=1}^{n} \sum_{j=1}^{n} \gamma_{kj} \ln p_k \ln p_j$$

식(11)은 수요이론에 따라 다음과 같은 일반제약조건을 충족시켜야 한다.

(12) 지출합 제약(adding-up restriction)

$$\sum_i a_i = 1, \ \sum_j \gamma_{ij} = 0, \ \sum_i \beta_i = 0$$

(13) 동차성 제약(homogeneity restriction)

$$\sum_j \gamma_{ij} = 0$$

(14) 대칭성 제약(symmetry restriction)

$$\gamma_{ij} = \gamma_{ji}, \text{단} \ne j일 \text{ 때}$$

식(10)의 준이상 수요체계를 실제로 추정할 경우 식(11)의 가격지수인 P를 직접 대입할 경우 다중공선성 문제를 발생시키게 된다. 따라서 스톤의 가격지수 P*를 P의 대리변수로 적용하는 선형 점근 준이상 수요체계(Linear Approximate Almost Ideal Demand System: LA/AIDS)모형을 이용한다. LA/AIDS 모형은 식 (15), (16)과 같다.

(15) $$w_i = \alpha_i^* + \sum_{j=1}^{n} \gamma_{ij} \ln p_j + \beta_i \ln(E/P^*)$$

(16) $$\ln P^* = \sum_{k=1}^{n} w_k \ln p_k$$

이상의 AIDS 모형에서 γ_{ij}는 실질지출(real expenditures)을 일정하게 두었을 때 j번째 상품가격의 변화율에 대한 i번째 상품의 지출 몫(budget share)의 변화를 나타내 주고 있다.

즉 $$\gamma_{ij} = \frac{\partial w_i}{\partial \ln p_j}$$

βi는 가격이 일정하다는 가정 하에 i번째 상품의 지출 몫의 변화에 대한 실질지출(real expenditures)의 변화를 의미한다.

즉
$$\beta_i = \frac{\partial w_i}{\partial \ln\left(\frac{E}{P}\right)}$$

βi의 계수 값은 실질소비의 변화를 반영하고 있다. 즉 βi > 0이면 i번째 상품은 고급재이고 βi < 0이면 i번째 상품은 필수재임을 나타내 주고 있다.

이와 같이 유도된 AIDS모형에서 수요의 탄력성들은 다음 식에 의해 계산되어진다. 비보상 자체 및 교차가격탄력성 계산식은 식(a), 식(b)와 같고 보상 자체 및 교차가격탄력성 계산식은 식(c), 식(d)와 같다. 또한 소득 탄력성 계산식은 식(e)와 같다.

(a) $\sigma^p_{ii} = -1 + \dfrac{\gamma_{ii}}{w_i} - \beta_i$ (b) $\sigma^p_{ij} = \dfrac{\gamma_{ij}}{w_i} - \beta_i \dfrac{w_j}{w_i}$

(c) $\eta^p_{ii} = -1 + \dfrac{\gamma_{ii}}{w_i} + w_i$ (d) $\eta^p_{ij} = \dfrac{\gamma_{ij}}{w_i} + w_j$

(e) $\varepsilon^y_{ii} = 1 + \dfrac{\beta_i}{w_i}$

3. 추정결과

구체적으로 준이상 수요체계(AIDS) 추정에 사용된 변수들의 정의가 〈표 4-14〉에 주어져 있다. 가구특성 변수로는 가구주 교육수준(edu), 가구주 연령(gajang) 그리고 19세 이상 가구원 수와 19세 미만 가구원 수를 앞에서의 정의에 따라 파생변수의 형태로 첨가하였으며 외환위기를 고려하여 1998년도를 전후한 더미변수를 첨가하였고 분기자료 분석의 경우 계절변동을 제거하기 위하여 분기 더미변수를 첨가하였다.

〈표 4-14〉 AIDS 추정에 사용된 변수

변 수 명	정 의	구 분
edu	가구주 교육수준	공통변수
gajang	가구주 연 령	
adult	19세 이상 가구원 수	
children	19세 미만 가구원 수	
lw1	식료품 지출 몫의 순서 시차 값	
lw2	보건의료 지출 몫의 순서 시차 값	
lw3	담배 지출 몫의 순서 시차 값	
lw4	피복신발 지출 몫의 순서 시차 값	
lw5	기타 지출 몫의 순서 시차 값	
lp1	식료품 물가지수의 대수 값	
lp2	보건의료 물가지수의 대수 값	
lp3	담배 물가지수의 대수 값	
lp4	피복신발 물가지수의 대수 값	
lp5	기타 물가지수의 대수 값	
lyp	실질 총 지출액	
d98	1998년 전 후 더미	
d1	1분기 더미	분기 변수
d2	2분기 더미	
d3	3분기 더미	

가. 연간자료 추정결과

〈표 4-15〉 연간 자료 준이상 수요체계 추정결과

	식료품	t값	보건의료	t값	담배	t값	피복신발	t값	기타	t값
d98	-0.0136***	(-16.56)	0.0022***	(3.57)	0.0022***	(-16.85)	0.0111***	(21.14)	0.0025**	(2.5)
children	0.0092***	(53.25)	-0.0064***	(-48.96)	-0.0007***	(-26.39)	-0.0024***	(-21.69)	0.0003	(1.32)
adult	0.0195***	(93.53)	-0.0024***	(-14.94)	0.0014***	(41.88)	0.0000	(-0.19)	0.0185***	(-73.26)
edu	0.0013***	(14.81)	-0.0015***	(-22.44)	-0.0002***	(-12.1)	0.0003***	(4.67)	0.0001	(0.82)
gajang	0.0033***	(20.12)	0.0017***	(13.64)	0.0009***	(34.17)	-0.0015***	(-14.19)	-0.0043***	(-22.04)
lp1	0.1388***	(11.59)	0.0086	(0.96)	-0.0029	(-1.55)	0.0327***	(4.27)	-0.1772***	(-12.21)
lp2	0.0209***	(3.02)	0.0028	(0.54)	0.0010	(0.9)	0.0135***	(3.06)	-0.0382***	(-4.56)
lp3	0.0215***	(7.16)	-0.0045**	(-1.97)	0.0127***	(26.85)	-0.0040**	(-2.11)	-0.0257***	(-7.07)
lp4	-0.1492***	(-15.25)	-0.0208**	(-2.83)	-0.0165***	(-10.65)	-0.0650***	(-10.39)	0.2515***	(21.2)
lp5	-0.0148*	(-1.7)	-0.0143**	(-2.17)	0.0218***	(15.78)	0.0030	(0.54)	0.0043	(0.41)
lyp	0.1013***	(-303.8)	0.0079***	(31.48)	-0.0133***	(-252.9)	0.0067***	(31.25)	0.1001***	(247.36)
lw1	1.2894***	(84.32)	0.1082***	(9.41)	0.0680***	(28.14)	0.0858***	(8.78)	-0.5514***	(-29.75)
lw2	1.1194***	(72.48)	0.2461***	(21.2)	0.0702***	(28.8)	0.0846***	(8.57)	-0.5204***	(-27.8)
lw3	0.9282***	(51.95)	0.1397***	(10.4)	0.2249***	(79.69)	0.0932***	(8.17)	-0.3860***	(-17.82)
lw4	1.1131***	(72.36)	0.1044***	(9.03)	0.0710***	(29.23)	0.0819***	(8.34)	-0.3705***	(-19.87)
lw5	1.1180***	(72.19)	0.1037***	(8.91)	0.0701***	(28.66)	0.2544***	(25.7)	-0.5462***	(-29.1)
Adj R-Sq	0.9174		0.3205		0.6607		0.5548		0.9442	
D.W	1.9135		1.9943		1.9471		1.9996		1.9503	

주) System weighted R-square=0.9802, 0.9107
주) *, **, ***는 각각 유의수준 10%, 5%, 1%에서 통계적으로 유의함

이제 추정된 준이상 수요체계의 추정결과를 보면, 수요체계 전체의 설명력을 나타내는 System Weighted R-square는 각각 0.9802, 0.9170과 같이 나타나 충분한 설명력을 보여주고 있음을 확인할 수 있다. 또한 거의 모든 변수에서 통계적으로 유의하게 나타났으며 자기상관성 여부를 보여주는 Durbin-Watson 값들도

모든 추정식의 자기상관성이 거의 없음을 나타내는 2에 가까운 수치로 추정되었다.

나. 분기자료 추정결과

〈표 4-16〉 분기자료 준이상 수요체계 추정결과

	식료품	t값	보건의료	t값	담배	t값	피복신발	t값	기타	t값
children	0.0093***	(38.27)	−0.0066***	(−34.74)	−0.0007***	(−17.45)	−0.0017***	(−11.89)	−0.0003	(−1.02)
adult	0.0216***	(68.78)	−0.0032***	(−12.95)	0.0013***	(23.89)	0.0001	(0.73)	−0.0198***	(−50.19)
edu	0.0009***	(14.74)	−0.0005***	(−10.86)	−0.0002***	(−14.27)	0.0001***	(3.55)	−0.0004***	(−4.77)
gajang	0.0038***	(17.68)	0.0034***	(20.46)	0.0005***	(14.64)	−0.0031***	(−24.42)	−0.0046***	(−17.21)
lp1	0.1213***	(9.79)	0.0236**	(2.45)	0.0166***	(8.02)	−0.0045	(−0.61)	−0.1571***	(−10.08)
lp2	0.0320***	(4.34)	−0.0017	(−0.29)	−0.0009	(−0.76)	0.0157***	(3.61)	−0.0451***	(−4.87)
lp3	0.0302***	(8.15)	−0.0080***	(−2.79)	0.0102***	(16.54)	0.0000	(−0.01)	−0.0323***	(−6.95)
lp4	−0.1519***	(−12.21)	−0.0353***	(−3.65)	−0.0167***	(−8.05)	−0.0577***	(−7.85)	0.2617***	(16.72)
lp5	−0.0427***	(−2.75)	0.0108	(0.90)	−0.0044*	(−1.68)	0.0297***	(3.24)	0.0065	(0.33)
lyp	−0.1060***	(−239.12)	0.0009***	(2.52)	−0.0114***	(−153.7)	0.0077***	(29.45)	0.1088***	(195.2)
lw1	1.3867***	(47.61)	0.0873***	(3.85)	0.1006***	(20.67)	0.0758***	(4.41)	−0.6503***	(−17.75)
lw2	1.3304***	(45.42)	0.0967***	(4.24)	0.1015***	(20.74)	0.0761***	(4.40)	−0.6047***	(−16.42)
lw3	1.2183***	(37.83)	0.0995***	(3.97)	0.1842***	(34.23)	0.0692***	(3.64)	−0.5712***	(−14.10)
lw4	1.3221***	(45.29)	0.0855***	(3.76)	0.1025***	(21.01)	0.0719***	(4.17)	−0.5819***	(−15.85)
lw5	1.3239***	(45.01)	0.0852***	(3.72)	0.1018***	(20.72)	0.1094***	(6.30)	−0.6202***	(−16.77)
d1	−0.0313***	(−51.60)	0.0003	(0.61)	−0.0007***	(−6.88)	−0.0089***	(−24.81)	0.0406***	(53.22)
d2	−0.0133***	(−22.29)	0.0026***	(5.51)	0.0003***	(3.08)	−0.0032***	(−9.07)	0.0136***	(18.16)
d3	0.0054***	(8.92)	−0.0004	(−0.76)	0.0002*	(1.88)	−0.0136***	(−37.69)	0.0083***	(10.83)
d98	−0.0273***	(−21.21)	0.0122***	(12.14)	−0.0002	(−1.08)	0.0106***	(13.91)	0.0048***	(2.96)
Adj R-Sq	0.9393		0.3623		0.6446		0.6558		0.9623	
D.W	1.9135		1.9980		1.9979		1.9987		1.9645	

주) System weighted R-square=0.9895, 0.9493
주) *, **, ***는 각각 유의수준 10%, 5%, 1%에서 통계적으로 유의함

수요체계 전체의 설명력을 나타내는 System Weighted R-square
는 각각 0.9895, 0.9493으로 충분한 설명력을 보여주고 있음을 확인
할 수 있다. 또한 거의 모든 변수가 통계적으로 유의하였으며 자기
상관성 여부를 보여주는 Durbin-Watson 값들도 모든 추정식의 자
기상관성이 거의 없음을 나타내는 2에 가까운 수치로 추정되었다.

다. 탄력성 추정결과

이제 위의 추정계수들을 활용하여 실질소득(lyp)의 백분비(%)
변화에 따른 각 품목의 수요가 얼마나 변하는가를 보여주는 소
득(총지출)탄력성을 식료품, 보건의료, 담배, 피복신발, 기타로 나
누어 추정해 보았다.

〈표 4-17〉 소득 탄력성 추정결과

	식료품	보건의료	담배	피복신발	기타
연간자료	0.7027	1.1522	0.3762	1.0920	1.1949
분기자료	0.6673	1.0182	0.3470	1.1171	1.1976

소득탄력성이란 소득의 변화에 따라 각 항목의 지출변화를 %
로 보는 것이다. 연간자료로 분석한 결과는 다음과 같다. 첫 번째
로 음식물의 소득탄력성은 평균 0.70으로 이것은 소득이 10% 증
가하면 음식물의 지출은 7.0% 증가한다는 것을 의미하고 탄력성
이 1 보다 낮아서 필수재적인 경향을 보이고 있다. 두 번째로 보

건의료의 소득탄력성은 1.15로 이는 소득이 10% 증가하면 보건
의료의 지출은 11.5%증가한다는 것을 뜻한다. 위의 항목들 중 보
건의료의 소득탄력성이 가장 높게 나타났다. 세 번째로 담배의
소득탄력성은 0.38로 각 방정식 중에서 가장 비탄력적인 것으로
추정되었다. 이는 담배에 대한 지출이 그 중독성 등을 감안할 때
가장 필수적인 부분임을 보여주고 있는 것이다. 소득이 10% 증
가할 경우 담배의 소비는 3.8%정도 증가할 것으로 추정되었다.
네 번째로 피복신발의 소득탄력성은 1.09로 담배, 식료품보다는
탄력적이지만 보건의료보다는 비탄력적으로 나타났다. 분기자료
를 가지고 분석한 결과도 연간자료를 가지고 분석한 결과와 비
슷하게 추정되었다. 담배의 경우 소득탄력성은 0.35로 여러 항목
중 가장 비탄력적으로 추정되었다.

〈표 4-18〉 가격 탄력성 추정결과

	식료품	보건	담배	피복신발	기타
연간자료	−0.4913	−0.95357	−0.3915	−0.6104	−0.9653
분기자료	−0.5133	−1.0363	−0.4018	−0.5570	−0.6334

담배가격이 인상되었을 때 담배소비가 얼마나 감소하는가를
알아보기 위해 자기가격 탄력성을 구해보았다. 연간자료의 비보
상 자기가격 탄력성 추정치들을 보면 식료품이 −0.49 보건의료
는 −0.95 담배는 −0.39, 피복신발은 −0.61이다. 이는 각각의 가
격이 10% 상승할 경우 식료품 수요는 4.9%, 보건의료의 수요는

9.5%, 담배의 수요는 3.9%, 피복신발의 수요는 6.1% 정도 줄어
듦을 의미한다. 기타를 제외한 항목 중에서 보건의료에 대한 수
요가 가장 가격에 탄력적이고 식료품 수요가 가장 비탄력적임을
알 수 있다. 분기자료의 비보상 자기가격 탄력성의 추정치들도
연자자료를 통한 분석과 비슷한 결과를 보여준다.

제5장

흡연율 감소에 따른 질병발생 감소와
의료비 및 생산성 손실 절감 규모 추정

제1절 추정 자료 및 방법

1. 추정 자료

가. 분석대상

본 연구의 분석대상은 2004년 기준으로 35세 이상, 65세 미만의 성인 남성 집단이다. 분석대상의 규모는 9,622,252명이며, 2004년 현재 이들의 평균 흡연율은 54.5%로써 2004년 현재 해당 연령대 남성 흡연자의 규모는 5,244,127명에 이르는 것으로 추정된다.

흡연 중단에 따른 질병 발생 감소와 의료비 절감 규모를 산출한 대상 질환으로는 흡연 중단의 편익이 즉각적으로 발생하는 뇌졸중, 급성심근경색증 그리고 흡연 중단의 편익이 장기간에 걸쳐 발생하는 암을 선정하였다.

2004년 미국 Surgeon General's Report에서는 폐암, 후두암, 구강암, 식도암, 췌장암, 방광암, 신장암, 자궁암, 난소암, 자궁내막암, 위암, 대장암, 전립선암, 급성 백혈병, 간암, 뇌암, 유방암 등을 흡연과 인과관계가 있는 암으로 제시하고 있다(UHDHHS, 2004)[41]. 이 중 우리나라 성인 남성 10대 암에 포함되는 위암, 폐암, 방광암, 식도암, 췌장암을 분석대상으로 선정하였다(국립암센터, 2005)[42]. 대장암, 전립선암, 비호지킨 림프종, 간암은 흡연 중단 이후

---

41) USDHHS. The health consequences of smoking: A report of the Surgeon General, 2004. Washington, DC: Government Printing Office. 2004

의 질병 발생 위험 감소에 대한 기존 연구 결과가 충분히 축적되지 않아서 본 연구의 분석대상 질환에서는 제외하였다.

나. 흡연 중단 효과

최근 금연정책으로 인한 흡연 중단 경험률과 성공률을 파악하기 위해 2004년 12월에 흡연자 700명의 패널을 구축하였다. 패널 구축 및 추적관찰 조사는 전문여론조사기관에 의뢰해서 진행하였는데, 해낭 전문여론조사기관이 보유한 13만 6천여 명의 패널 중에서 서울, 경기, 인천 거주자를 대상으로 연령과 거주 지역에 따라 우선 할당을 하였으며, 유선 통화를 통해 패널 조사 참여에 동의한 700명을 추적관찰조사 대상자로 최종 선정하였다. 이들을 대상으로 담배가격이 인상된 지 1개월 후, 3개월 후, 6개월 후의 시점에서 흡연 상태, 흡연 상태의 변화 이유, 흡연량과 제품, 향후 금연의지, 금연정책에 대한 인식 등을 파악하였다.

이를 통해 산출된 흡연 중단 성공 비율을 35세 이상, 65세 미만 성인 남성 흡연자 인구에 적용하여, 해당 연령대 남성 흡연자 중 흡연 중단자 규모를 추정하였다. 35세 이상, 65세 미만 성인 남성 집단의 규모는 통계청의 2004년 인구통계 자료를 활용하였으며, 이들의 2004년 흡연율은 보건복지부가 전문여론조사기관에 의뢰해 매년 실시하고 있는 흡연율 조사 결과를 활용하였다.

---

42) 국립암센터. 국내 남성 10대 암의 발생률과 생존율. 국립암센터 내부자료. 2005

다. 질병 발생률과 생존율

뇌졸중과 급성심근경색의 신규 발생률은 국민건강보험의 코호트 자료를 분석하여 산출하였다. 신규 발생은 지난 3년 동안 해당 상병으로 진료를 받은 실적이 없는 경우로 정의하였다. 국민건강보험 코호트 자료는 1998년부터 2001년까지의 남녀 1,208,353명의 진료실적을 포함하고 있다. 암 발생률은 국립암센터의 국내 성인 남성 10대 암 발생률 자료를 활용하였다(2005).

분석대상 집단의 연평균 생존율은 통계청의 사망통계자료를 분석하여 산출하였으며, 질병 발생 이후의 연평균 생존율은 해당 질병의 생존율을 다룬 기존 국내 연구 결과(김석연 등, 1999; 윤두상 등, 2004)와 국립암센터의 조사결과(2005)를 활용하였다[43][44].

라. 흡연 중단 이후의 질병 발생 상대위험도의 감소

흡연 중단 이후의 시간 경과에 따른 질병 발생 위험 감소를 다룬 국내 선행 연구가 부재한 상태이기 때문에 대규모 인구집단을 대상으로 이루어진 외국의 대표성 있는 선행 연구 결과를 활용하였다. 급성심근경색과 뇌졸중은 미국에서 대규모 인구집단을 대상으로 이루어진 기존 연구 결과들을 종합하여 산출된 Lightwood와

---

43) 김석연, 한주용, 김용진, 성지동, 채인호, 김효수 등. 급성심근경색증 환자의 장기 생존율 및 예후인자. 순환기 1999;29(1):14-21

44) 윤두상, 배희준, 김병건, 구자성, 권오현, 박종무, 이수주. 병원기반 코호트에서 급성 허혈성 뇌졸중 및 일과성 뇌허혈 환자의 치명률 및 합병증

Glantz(1997)의 질병 발생 상대위험도 감소 추정 모형을 활용하였다. 폐암과 췌장암은 일본에서 이루어진 Sobue 등(1991)과 Lin 등(2002)의 연구 결과를 활용하였으며, 식도암, 방광암, 위암은 대규모 인구집단을 대상으로 이루어진 미국의 연구 결과를 활용하였다[45][46].

마. 질병 발생 감소에 따른 비용 절감

질병 발생과 조기사망 감소에 따른 비용 절감을 추정하기 위한 비용은 직접 의료비(C1)와 직접 비의료비(C2), 생산성(C3)으로 구분하였다(이건세 등, 2004). 직접 의료비에는 진단과 치료 부문의 입원과 외래의료비를 포함하였다[47]. 직접 비의료비에는 병원 방문 교통비, 간병비, 보장구 구입비용, 한방진료, 민간요법 및 건강식품, 요양시설 이용비용을 포함하였다. 생산성에는 질병과 조기사망으로 인한 임금소득 손실을 포함하였다.

45) Sobue T, Suzuki T, Fujimoto I, Matsuda M, Doi O, Mori T, Furuse K, Fukuoka M, Yasumitsu T, Kuwahara O, et al. Lung cancer risk among exsmokers. Jpn J Cancer Res 1991:82(3):273-9

46) Liu BQ, Peto R, Chen ZM, Boreham J, Wu YP, Li JY, Campbell TC, Chen JS. Emerging tobacco hazards in China: 1. Retrospective proportional mortality study of one million deaths. BMJ 1998:317:1411-22

47) 이건세, 배희준, 김형수. 뇌졸중 환자의 의료 자원 이용과 비용 지출: 환자의 관점에서. 대한신경과학회지 2004:22(6):583-9

〈표 5-1〉 비용 구분

항목 구분	내 용
C1: 직접 의료비	입원, 외래(진단, 치료)
C2: 직접 비의료비	교통비, 보완의학, 보장구, 건강보조식품, 요양시설
C3: 생산성 손실	이환, 조기사망

  뇌졸중과 급성심근경색의 연차별 직접 의료비는 국민건강보험
의 코호트 자료를 분석하여 산출하였으며, 암의 직접 의료비는
국립암센터의 연구 결과(2004)를 활용하였다[48]. 직접 의료비는
해당 질환을 가진 환자가 외래와 입원의료를 이용하는 데 지출
한 비용의 합계로, 건강보험 급여비와 법정본인부담금, 비급여본
인부담금을 포함하였다. 직접 의료비는 해당 기간의 추가인상률
을 적용하여 2005년을 기준 연도로 산출하였다.

  암의 직접 비의료비는 국립암센터의 연구 결과에 해당 기간의
물가인상률을 적용하여 2005년을 기준 연도로 산출하였다. 뇌졸중
의 직접 비의료비는 이건세 등(2004)의 연구 결과를 활용하였다.
이 연구에서는 직접 비의료비 항목으로 병원 방문 교통비는 포함
되어 있지 않으며, 뇌졸중 발생 1차년의 월별 직접 비의료비 지출
액이 조사되어 있다. 본 연구에서는 뇌졸중 발생 1차년의 반기별
직접 비의료비 지출액 감소비율이 2차년 이후에도 동일하게 유지
된다고 가정하여, 뇌졸중 발생 3차년까지의 직접 비의료비를 2005
년 기준으로 산출하였다. 급성심근경색증의 경우에는 연차별 직접

---

48) 박은철, 최귀선, 강임옥, 임진화, 이지영, 성나영, 김성경, 김희, 김윤미, 오
    은경. 암 검진의 효과 평가 및 암 비용 연구. 국립암센터. 2004

비의료비를 추계한 국내 연구가 부재하기 때문에 직접 의료비 대비 직접 비의료비 비율이 뇌졸중과 동일한 것으로 가정하여 급성 심근경색증 발생 3차년까지의 직접 비의료비를 산출하였다.

생산성 손실 절감액은 질병과 조기사망으로 인한 임금소득 상실 절감액을 추정하는 전통적인 인적자원접근법(human capital method)을 활용하였다. 질병으로 생산성 손실 절감액을 추정하기 위해 국민건강보험 코호트 자료를 분석하여, 뇌졸중과 급성심근경색증의 질병 발생 연차별 입원일수와 외래 방문 횟수를 산출하였다. 입원의 경우에는 연차별 입원일수에 해당 연령대 남성의 1일 평균 임금을 곱하였으며, 외래의 경우에는 연차별 외래 방문 횟수에 해당 연령대 남성의 0.5일 평균 임금을 곱하여 생산성 손실 절감 규모를 추정하였다. 2003년도 노동부 임금구조기본통계상의 해당 연령대 남성의 월평균 임금총액에 연평균 임금 인상률 5%를 적용하여 산출하였다. 보호자의 간병 및 동반으로 인한 생산성 손실은 분석대상에 포함하지 않았다. 암 치료로 인한 생산성 손실 절감액은 국립암센터의 연구 결과(2004)를 적용하였다.

흡연으로 인한 조기사망 예방을 통한 생산성 손실 절감액은 대상 집단의 10세 구간별 평균 기대 노동 기간에 해당 연령 구간별 전 직종 남성 평균 임금을 곱하여 산출하였다. 경제활동 참여를 통한 임금소득 발생은 65세까지 이루어지는 것으로 가정하였다. 기대 노동 기간은 해당 연령 구간의 중간 연령부터 65세까지의 기간으로 정의하였으며, 연차 경과에 따라 기대 노동 기간을 1년씩 삭감하였다.

〈표 5-2〉연령 구분에 따른 월평균 임금소득과 기대 노동 기간

연령 구분	월평균 임금(원)	s년 경과 후의 기대노동 기간(년)
35-44	2,344,087	25-s
45-54	2,400,741	15-s
55-64	1,807,760	5-s
평균	2,281,113	

2. 추정 방법

가. 추정 단계

본 연구에서는 성인 남성 흡연자 700명을 대상으로 한 추적관찰 조사를 통해 흡연자의 흡연 중단율을 산출하고, 이를 기준으로 35세 이상, 65세 미만 성인 남성 흡연자 중 흡연 중단자 규모를 추정하였다. 이렇게 추정된 흡연 중단자 규모를 질병 발생 규모 추정모형에 적용하여 흡연 중단 1차년부터 20차년까지의 연차별 질병 발생과 조기사망 감소 규모, 그리고 이에 따른 비용 절감 규모를 추정하였다. 분석대상 질병은 뇌졸중, 급성심근경색, 폐암, 췌장암, 식도암, 방광암, 위암이었다.

〈그림 Ⅴ-1〉 분석의 단계

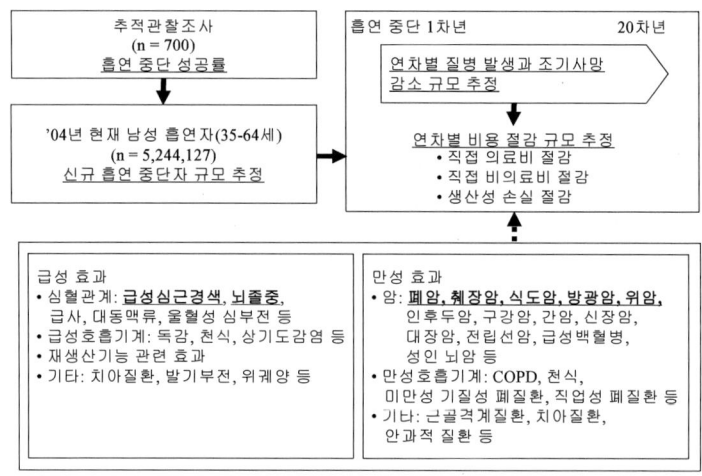

나. 흡연 중단으로 인한 연차별 질병 발생 감소 규모 추정

흡연 중단으로 인한 연차별 질병 발생 감소와 이에 따른 경제적 편익은 다음과 같은 분석과정을 거쳐 산출되었다.

〈그림 Ⅴ-2〉 질병 발생률 감소 추정을 위한 분석 과정

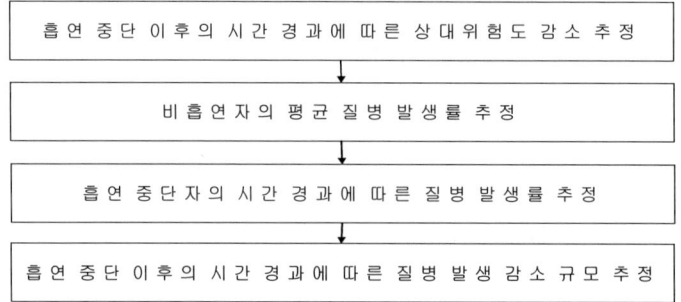

첫 번째 분석단계는 질병별로 흡연 중단 이후의 시간 경과에 따른 질병 발생 상대위험도의 감소를 추정하는 것이다. 흡연 중단 이후의 뇌졸중과 급성심근경색 발생 상대위험도 감소는 Lightwood와 Glantz(1997)의 연구에서 제시한 함수식을 활용하여 산출하였다.

Equation 1. 뇌졸중과 급성심근경색의 흡연 중단 이후의 질병 발생
상대위험도 감소

$\ln RR(t) = \ln \{ [(RR_0) - (RR_\infty)] e - t /\tau + (RR_\infty) \} + \varepsilon$

RR_0: 흡연 중단 이전의 질병 발생상대 위험도

RR_∞: 흡연 중단 이후의 무한대 평균 질병 발생 상대위험도

t: 흡연 중단 이후의 시간 경과(월)

τ: 시간 상수(뇌졸중 : 16.2, 급성심근경색 : 19.1)

흡연 중단 이후의 암의 발생 위험 감소는 해당 질환을 대상으로 이루어진 일본과 미국의 연구 결과를 활용하였다.

〈표 5-3〉 흡연 중단 이후의 시간 경과에 따른 암 발생의 상대
위험도 감소

질환	흡연 중단 이후의 시간 경과					대상국
	0	1-4	5-9	10-14	15-20	
폐암	4.50	4.05	2.25	2.30	2.66	일본
췌장암	1.60	1.40	1.40	0.85	0.85	일본
식도암	4.50	2.25	1.80	1.35	1.35	미국
방광암	2.47	1.61	1.65	1.51	1.14	미국
위암	2.33	2.07	2.07	1.67	1.67	미국

두 번째 분석단계는 비흡연자의 평균 질병 발생률을 산출하는 것으로, 이는 전체 분석대상 집단에서의 질병 발생률, 현 흡연자와 과거 흡연자의 질병 발생 상대위험도, 현 흡연자와 과거 흡연자의 구성비율을 통해 산출된다. 과거 흡연자의 질병 발생 상대위험도는 전체 과거 흡연자의 상대위험도의 평균으로 산출하였는데, 이는 흡연 중단 기간이 무한대인 경우의 질병 발생 상대위험도와 일치한다.

Equation 2. 비흡연자의 평균 질병 발생률

$r_n = r_0 \ / \ [\ RR_0 p_s + RR_\infty p_{x+} (1 - p_s - p_x) \ ]$

r_n: 비흡연자의 평균 질병 발생률

r_0: 전체 인구집단의 질병 발생률

RR_0: 현재 흡연자의 질병 발생 상대위험도

RR_∞: 전체 과거 흡연자의 질병 발생 상대위험도

p_s: 현재 흡연자의 구성비율

p_x: 과거 흡연자의 구성비율

세 번째 분석단계는 흡연 중단 이후 일정 기간이 경과한 흡연 중단자의 질병 발생률을 산출하는 것이다. 흡연 중단 t년이 경과한 흡연 중단자의 질병 발생률은 비흡연자의 질병 발생률과 흡연 중단 t년이 경과한 시점의 질병 발생 상대위험도의 곱으로 산출된다.

Equation 3. t년 전에 흡연을 중단한 사람의 질병 발생률

$r(t) = RR(t) \ r_n$

 네 번째 분석단계는 흡연 중단에 따른 질병 발생 감소 규모를 추정하는 것이다. t년이 경과한 s년의 질병 발생 감소 규모는 흡연 중단자 수에 질병 발생률 차이를 곱하여 산출되며, t년이 경과한 시점의 흡연 중단자 규모는 흡연 중단 1차년의 과거 흡연자 수에 본 연구의 분석대상인 성인 남성 35~64세 인구집단의 연차별 평균 생존율을 적용하여 산출하였다.

Equation 4. t년 전에 흡연을 중단한 인구집단의 신규 질병 발생 감소 규모

$h_A(s) = N_{qs} \left[\; r(0) - r(t) \; \right]$

$h_A(s)$: t년 전에 흡연을 중단한 인구집단의 신규 질병 발생 감소 규모(s차 연도)

N_{qs}: s차 연도에 흡연 중단 상태로 존재하는 인구집단의 규모

다. 조기사망 예방과 비용 절감 규모 추정

 질병 발생 감소에 따른 조기사망 예방 규모는 해당 질환의 신규 발생 이후 연차별 생존율을 적용한 생존자 수의 연차별 차이를 통해 산출하였다.

Equation 5. 조기사망 감소 규모

$P_d(s) = h_A(s) \left[\; s_r(s) - s_r(s+1) \; \right]$

$P_d(s)$: t년 전에 흡연을 중단한 인구집단의 신규 조기사망 감소 규모(s차 연도)

$s_r(s)$: s차 연도의 질병 발생 이후의 생존율

134

직접 의료비와 직접 비의료비 절감 규모는 해당 연도의 신규 발생 감소 규모에 해당 질환의 신규 발생 이후 연차별 직접 의료비와 직접 비의료비를 곱하여 산출하였다. 해당 연도의 신규 발생자의 수는 해당 질병의 연차별 생존율 변화에 따라 연차별로 줄어드는 것으로 적용하였다.

Equation 6. 질병 발생 감소로 인한 직접 의료비와 비의료비 절감 규모

$C_s(s) = h_A(s) * s_r(1st, 2nd, 3rd, 4th, 5th) * C(1st, 2nd, 3rd, 4th, 5th)$

$C_s(s)$: t년 전에 흡연을 중단한 인구집단의 질병 발생 감소로 인한 직접 의료비와 비의료비 절감 규모(s차 연도)

$s_r(s)$: s차 연도의 질병 발생 이후의 생존율

$C(1st, \cdots 5th)$: 질병 발생 이후의 연차별 평균 직접 의료비와 비의료비(뇌졸중과 급성심근경색은 3차년까지)

이환 감소에 따른 생산성 손실 절감 규모는 해당 연도의 신규 발생 감소 규모에 해당 질환의 신규 발생 이후 연차별 생산성 손실비용을 곱하여 산출하였다. 뇌졸중과 급성심근경색의 연차별 생산성 손실비용은 연차별 재원기간과 외래내원 횟수, 그리고 해당 연령대 성인 남성의 일평균 임금소득을 기준으로 산출하였으며, 암은 국립암센터의 연구 결과를 활용하였다. 해당 연도의 신규 발생자의 수는 해당 질병의 연차별 생존율 변화에 따라 연차별로 줄어드는 것으로 적용하였다.

Equation 7. 질병 이환 감소로 인한 생산성 손실 절감 규모

$P_{s\_sick}(s) = h_A(s) * P_{loss}(1st, 2nd, 3rd, 4th, 5th)$

$P_{s\_sick}(s)$: t년 전에 흡연을 중단한 인구집단의 질병 이환 감소로 인한 생산성 손실 절감 규모(s차 연도)

$P_{loss}(1st, \cdots 5th)$: 질병 발생 이후의 연차별 생산성 손실 비용(뇌졸중과 급성심근경색은 3차년까지)

조기사망 감소에 따른 생산성 손실 절감 규모는 질병 발생 연차별 생존율을 적용하여 산출된 연차별 질병별 사망자 수에 10세 연령구간별 기대 노동 기간과 연평균 임금총액을 곱하여 산출하였다. 연차 경과에 따라서 기대 노동 기간을 1년씩 삭감하였다.

Equation 8. 조기사망 감소로 인한 생산성 손실 절감 규모

$P_{s\_death}(s) = P_d(s) * E_{labor} * W$

$P_{s\_death}(s)$: t년 전에 흡연을 중단한 인구집단의 조기사망 감소로 인한 생산성 손실 절감 규모(s차 연도)

E_{labor}: s차 연도의 연령구간별 기대노동 기간

W: 연령구간별 평균 임금소득

라. 민감도 분석

민감도 분석을 위해 연령 표준화 흡연 중단 성공률의 95% 신뢰구간 상·하한 값을 적용하여 흡연 중단 성공률 변화에 따른 질병 발생과 조기사망 감소, 그리고 이에 따른 비용 절감액의 변화를 분석하였다. 그리고 이렇게 산출한 비용 절감액에 3%, 5%의 할인율을 각각 적용하였다.

〈그림 Ⅴ-3〉 민감도 분석의 틀

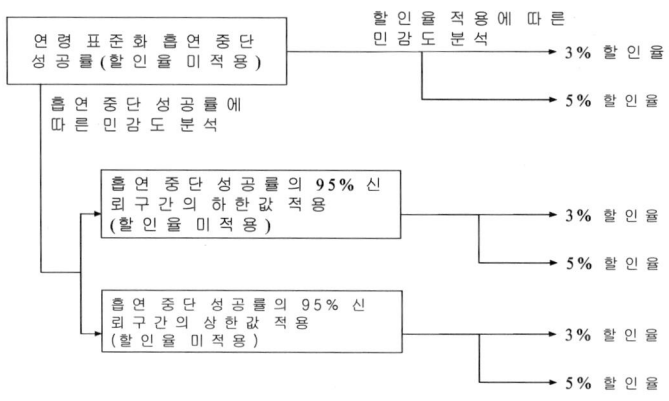

제2절 추정 결과

1. 시뮬레이션 모형의 변수 추정

뇌졸중(ICD10 code I60-66)과 급성심근경색(ICD10 code I21-22)의 신규 발생률과 발생 연차별 직접 의료비는 국민건강보험 코호트 자료를 분석하여 산출하였다. 뇌졸중과 급성심근경색의 신규 발생은 해당 상병으로 지난 3년 동안 의료이용 실적이 없는 경우로 정의하였다. 35세 이상, 65세 미만 남성의 뇌졸중과 급성심근경색의 발생률은 각각 10만 명당 429명, 118명 수준이었다. 2005년 기준으로 뇌졸중의 발생 1차년의 공단 부담 진료비는 2,203,514원, 2차년은 751,908원, 3차년은 563,184원이었으며, 급성

심근경색의 발생 1차년의 공단 부담 진료비는 2,978,693원, 2차년
은 1,529,774원, 3차년은 337,252원이었다. 2004년 현재 급성심근
경색과 뇌졸중의 본인부담률은 각각 36.0%, 44.0% 수준인데(국
민건강보험공단, 2005), 이를 적용한 연차별 총 진료비는 뇌졸중
의 경우, 1차년 3,931,916원, 2차년 1,341,693원, 3차년 1,004,937원
이며, 급성심근경색의 경우, 1차년 4,657,197원, 2차년 2,391,808원,
3차년 527,295원이었다.

〈표 5-4〉 시뮬레이션 모형의 변수: 뇌졸중, 급성심근경색

변수	뇌졸중	급성심근경색
현재 흡연자 구성비율	0.545	0.545
과거 흡연자 구성비율	0.184	0.184
전체 인구집단의 발생률	0.00429	0.00118
35-64세 인구집단 규모	9,622,252	9,622,252
연간 평균 생존율	0.99422	0.99422
질병 발생 이후의 연차별 평균 생존율		
1차년	0.806	0.853
2차년 이후	0.897	0.962
직접 의료비(원)		
1차년	3,931,916	4,657,197
2차년	1,341,693	2,391,808
3차년	1,004,937	527,295
직접 비의료비(원)		
1차년	1,539,530	1,823,512
2차년	1,060,106	1,889,829
3차년	729,979	383,023
평균 입원 재원 기간(일)		
1차년	20.8	10.3
2차년	26.8	7.5
3차년	18.1	7.0
평균 외래 방문 횟수(회)		
1차년	5.1	2.5
2차년	7.4	5.9
3차년	6.0	4.4

　암의 신규 발생률과 연차별 생존율, 직접 의료비, 직접 비의료비, 이환으로 인한 생산성 손실은 국립암센터의 연구 결과를 활용하였다(국립암센터, 2004, 2005). 폐암, 췌장암, 식도암의 신규 발생률은 각각 10만 명당 51명, 8명, 8명 수준이었다. 폐암 발생 1차년의 생존율은 35.2%였으며, 2차년 이후의 연평균 생존율은 76.5%였다. 췌장암 발생 1차년의 생존율은 19.7%, 2차년 이후의 연평균 생존율은 80.3%였으며, 식도암 발생 1차년의 연평균 생존율은 38.7%, 2차년 이후의 연평균 생존율은 76.2%였다. 방광암과 위암의 신규 발생률은 각각 10만 명당 9명, 66명 수준이었다. 2005년 기준으로 방광암 발생 1차년의 생존율은 86.7%, 2차년 이후의 연평균 생존율은 94.2%였다. 위암 발생 1차년의 생존율은 65.1%, 2차년 이후의 연평균 생존율은 90.9%였다.

〈표 5-5〉시뮬레이션 모형의 변수: 폐암, 췌장암, 식도암

변수	폐암	췌장암	식도암
현재 흡연자 구성비율	0.545	0.545	0.545
과거 흡연자 구성비율	0.184	0.184	0.184
전체 인구집단의 발생률	0.000510	0.000077	0.000083
35-64세 인구집단 규모	9,622,252	9,622,252	9,622,252
연간 평균 생존율	0.99422	0.99422	0.99422
질병 발생 이후의 연차별 평균 생존율 1차년 2차년 이후	 0.352 0.765	 0.197 0.803	 0.387 0.762
직접 의료비(원) 1차년 2차년 3차년 4차년 5차년	 15,994,347 7,997,174 5,278,238 3,999,102 3,198,869	 14,568,965 7,284,483 4,807,573 3,642,756 2,913,587	 18,078,865 9,039,432 5,966,211 4,520,231 3,615,979
직접 비의료비(원) 1차년 2차년 3차년 4차년 5차년	 2,747,712 1,374,368 906,694 686,672 549,542	 2,503,130 1,251,565 825,849 626,294 500,421	 3,105,887 1,553,455 1,025,403 776,728 621,177
질병 이환으로 인한 생산성 손실(원) 1차년 2차년 3차년 4차년 5차년	 9,608,796 7,687,036 4,804,398 2,882,639 1,921,759	 9,934,149 7,947,320 4,967,075 2,980,244 1,986,829	 7,353,006 5,882,405 3,676,503 2,205,902 1,470,602

⟨표 5-6⟩ 시뮬레이션 모형의 변수: 방광암, 식도암

Parameters	방광암	위암
현재 흡연자 구성비율	0.545	0.545
과거 흡연자 구성비율	0.184	0.184
전체 인구집단의 발생률	0.000092	0.000657
35-64세 인구집단 규모	9,622,252	9,622,252
연간 평균 생존율	0.99422	0.99422
질병 발생 이후의 연차별 평균 생존율 1차년 2차년 이후	0.867 0.942	0.651 0.909
직접 의료비(원) 1차년 2차년 3차년 4차년 5차년	9,606,907 4,803,454 3,170,032 2,401,727 1,921,793	12,030,262 3,740,597 3,970,265 3,007,308 2,405,846
직접 비의료비(원) 1차년 2차년 3차년 4차년 5차년	1,650,674 825,849 544,426 412,413 330,544	2,067,180 1,033,590 682,579 516,795 413,436
질병 이환으로 인한 생산성 손실(원) 1차년 2차년 3차년 4차년 5차년	3,513,826 2,811,061 1,756,913 1,054,148 702,765	6,742,841 5,394,273 2,482,027 2,022,852 1,348,568

2. 흡연 중단의 단기 편익: 뇌졸중과 급성심근경색

가. 흡연 중단으로 인한 질병 발생 감소와 직접 의료비 절감

'6개월 동안 흡연 중단상태를 유지한 기존 흡연자'를 흡연 중단 성공으로 정의한 경우, 흡연 중단 1-4차 연도에 예방된 뇌졸중 신규 발생자 규모는 1,831명이었으며, 5-9차 연도 3,165명, 10-14차 연도 3,071명, 15-20차 연도 3,514명으로 흡연 중단 이후 20년 동안 총 11,581명의 신규 뇌졸중 환자 발생이 예방되는 것으로 나타났다. 이에 따른 직접 의료비 절감액은 흡연 중단 1-4차 연도 90억 원, 5-9차 연도 181억 원, 10-14차 연도 177억 원, 15-20차 연도 202억 원으로 직접 의료비 절감액 합계는 650억 원에 달하는 것으로 분석되었다.

〈표 5-7〉 질병 발생 감소와 직접 의료비 절감: 뇌졸중

흡연 중단 이후의 시간 경과		1-4	5-9	10-14	15-20
질병 발생 감소(명)		1,831	3,165	3,071	3,514
직접 의료비 절감(백만 원)	연차별	9,002	18,077	17,691	20,248
	누적	9,002	27,079	44,769	65,018

흡연 중단 1-4차 연도에 예방된 급성심근경색 신규 발생자 규모는 584명이었으며, 5-9차 연도 1,077명, 10-14차 연도 1,067명, 15-20차 연도 1,234명으로 흡연 중단 이후 20년 동안 총 3,962명

의 신규 급성심근경색 환자 발생이 예방되는 것으로 나타났다. 이에 따른 직접 의료비 절감액은 흡연 중단 1-4차 연도 36억 원, 5-9차 연도 76억 원, 10-14차 연도 76억 원, 15-20차 연도 88억 원으로 직접 의료비 절감액 합계는 277억 원에 달하는 것으로 분석되었다.

〈표 5-8〉 질병 발생 감소와 직접 의료비 절감: 급성심근경색

흡연 중단 이후의 시간 경과		1-4	5-9	10-14	15-20
질병 발생 감소(명)		584	1,077	1,067	1,234
직접 의료비 절감(백만 원)	연차별	3,592	7,621	7,625	8,824
	누적	3,592	11,213	18,837	27,662

나. 흡연 중단으로 인한 직접 비의료비와 생산성 손실 절감

신규 뇌졸중 발생 감소에 따른 직접 비의료비 절감액은 흡연 중단 1-4차 연도에 42억 원, 5-9차 연도 92억 원, 10-14차 연도 90억 원, 15-20차 연도 103억 원이며, 20년 동안의 직접 비의료비 절감액 합계는 327억 원에 달하는 것으로 분석되었다. 신규 급성 심근경색 발생 감소에 따른 직접 비의료비 절감액은 흡연 중단 1-4차 연도에 17억 원, 5-9차 연도 40억 원, 10-14차 연도 40억 원, 15-20차 연도 46억 원이며, 20년 동안의 직접 비의료비 절감액 합계는 144억 원에 달하는 것으로 분석되었다.

⟨표 5-9⟩ 직접 비의료비 절감: 뇌졸중, 급성심근경색(단위: 백만 원)

흡연 중단 이후의 시간 경과		1-4	5-9	10-14	15-20
뇌졸중	연차별	4,212	9,181	9,020	10,326
	누적	4,212	13,393	22,413	32,740
급성심근경색	연차별	1,748	3,994	4,014	4,647
	누적	1,748	5,742	9,756	14,404
합계	연차별	5,960	13,175	13,035	14,973
	누적	5,960	19,135	32,170	47,143

이환으로 인한 생산성 손실 절감액은 뇌졸중의 경우, 흡연 중단 1-4차 연도에 63억 원, 5-9차 연도 151억 원, 10-14차 연도 149억 원, 15-20차 연도 170억 원이며, 20년 동안의 합계는 532억 원에 달하는 것으로 분석되었다. 급성심근경색의 경우에는 흡연 중단 1-4차 연도에 9억 원, 5-9차 연도 23억 원, 10-14차 연도 23억 원, 15-20차 연도 81억 원이며, 20년 동안의 합계는 613억 원에 달하는 것으로 분석되었다.

⟨표 5-10⟩ 이환으로 인한 생산성 손실 절감: 뇌졸중,
급성심근경색(단위: 백만 원)

흡연 중단 이후의 시간 경과		1-4	5-9	10-14	15-20
뇌졸중	연차별	6,303	15,060	14,860	17,013
	누적	6,303	21,363	36,223	53,236
급성심근경색	연차별	890	2,252	2,283	2,644
	누적	890	3,142	5,425	8,069
합계	연차별	7,193	17,312	17,143	19,658
	누적	7,193	24,505	41,648	61,305

조기사망 예방자 수는 뇌졸중의 경우, 흡연 중단 1-4차 연도에 506명, 5-9차 연도 1,104명, 10-14차 연도 1,085명, 15-20차 연도 1,242명이며, 20년 동안에 예방된 조기 사망자 합계는 3,937명에 달하는 것으로 분석되었다. 10세 연령구간별 기대 노동 기간과 평균 임금소득을 기준으로 산출한 조기사망에 따른 생산성 손실 절감액은 흡연 중단 1-4차 연도에 2,183억 원, 5-9차 연도 3,632억 원, 10-14차 연도 2,351억 원, 15-20차 연도 1,360억 원이며, 20년 누적 합계는 9,526억 원에 달하는 것으로 분석되었다. 급성심근경색의 경우에는 흡연 중단 1-4차 연도에 105명, 5-9차 연도 225명, 10-14차 연도 225명, 15-20차 연도 261명의 급성심근경색 사망자가 예방되었으며, 20년 동안에 예방된 조기 사망자 합계는 815명에 달하는 것으로 분석되었다. 조기사망에 따른 생산성 손실 절감액은 흡연 중단 1-4차 연도에 453억 원, 5-9차 연도 738억 원, 10-14차 연도 488억 원, 15-20차 연도 285억 원이며, 20년 누적 합계는 1,964억 원에 달하는 것으로 분석되었다.

〈표 5-11〉 조기사망으로 인한 생산성 손실 절감: 뇌졸중, 급성심근경색
(단위: 명, 백만 원)

흡연 중단 이후의 시간 경과		1-4	5-9	10-14	15-20
뇌졸중	조기사망 감소	506	1,104	1,085	1,242
	연차별 비용 절감	218,278	363,209	235,087	135,998
	누적 비용 절감	218,278	581,487	816,574	952,571
급성심근경색	조기사망 감소	105	225	225	261
	연차별 비용 절감	45,262	73,837	48,769	28,517
	누적 비용 절감	45,262	119,099	167,869	196,385
합계	조기사망 감소	611	1,328	1,310	1,503
	연차별 비용 절감	263,540	437,046	283,856	164,514
	누적 비용 절감	263,540	700,586	984,442	1,148,956

3. 흡연 중단의 장기 편익: 암

가. 흡연 중단으로 인한 질병 발생 감소와 직접 의료비 절감

흡연 중단 1-4차 연도에 예방된 폐암 신규 발생은 72명이었으며, 5-9차 연도 437명, 10-14차 연도 415명, 15-20차 연도 402명으로 흡연 중단 이후 20년 동안 총 1,326명의 신규 폐암 환자 발생이 예방되는 것으로 나타났다. 이에 따른 직접 의료비 절감액은 흡연 중단 1-4차 연도 14억 원, 5-9차 연도 87억 원, 10-14차 연도 90억 원, 15-20차 연도 88억 원으로 직접 의료비 절감액 합계는 279억 원에 달하는 것으로 분석되었다.

〈표 5-12〉 질병 발생 감소와 직접 의료비 절감: 폐암

흡연 중단 이후의 시간 경과		1-4	5-9	10-14	15-20
질병 발생 감소(명)		72	437	415	402
직접 의료비 절감(백만 원)	연차별	1,368	8,728	8,983	8,833
	누적	1,368	10,096	19,079	27,912

흡연 중단 1-4차 연도에 예방된 췌장암 신규 발생은 11명이었으며, 5-9차 연도 13명, 10-14차 연도 49명, 15-20차 연도 57명으로 흡연 중단 이후 20년 동안 총 130명의 신규 췌장암 환자 발생이 예방되는 것으로 나타났다. 이에 따른 직접 의료비 절감액은 흡연 중단 1-4차 연도 1.8억 원, 5-9차 연도 2.4억 원, 10-14차 연

도 8.2억 원, 15-20차 연도 10억 원으로 직접 의료비 절감액 합계
는 22억 원에 달하는 것으로 분석되었다.

〈표 5-13〉질병 발생 감소와 직접 의료비 절감: 췌장암

흡연 중단 이후의 시간 경과		1-4	5-9	10-14	15-20
질병 발생 감소(명)		11	13	49	57
직접 의료비 절감(백만 원)	연차별	178	235	816	996
	누적	178	413	1,229	2,225

흡연 중단 1-4차 연도에 예방된 식도암 신규 발생은 59명이었
으며, 5-9차 연도 85명, 10-14차 연도 97명, 15-20차 연도 113명
으로 흡연 중단 이후 20년 동안 총 353명의 신규 식도암 환자 발
생이 예방되는 것으로 나타났다. 이에 따른 직접 의료비 절감액
은 흡연 중단 1-4차 연도 13억 원, 5-9차 연도 21억 원, 10-14차
연도 24억 원, 15-20차 연도 28억 원으로 직접 의료비 절감액 합
계는 86억 원에 달하는 것으로 분석되었다.

〈표 5-14〉질병 발생 감소와 직접 의료비 절감: 식도암

흡연 중단 이후의 시간 경과		1-4	5-9	10-14	15-20
질병 발생 감소(명)		59	85	97	113
직접 의료비 절감(백만 원)	연차별	1,278	2,104	2,390	2,817
	누적	1,278	3,383	5,772	8,589

흡연 중단 1-4차 연도에 예방된 방광암 신규 발생은 40명이었
으며, 5-9차 연도 47명, 10-14차 연도 53명, 15-20차 연도 85명으

로 흡연 중단 이후 20년 동안 총 225명의 신규 방광암 환자 발생
이 예방되는 것으로 나타났다. 이에 따른 직접 의료비 절감액은
흡연 중단 1-4차 연도 5.8억 원, 5-9차 연도 9.3억 원, 10-14차 연
도 10억 원, 15-20차 연도 16억 원으로 직접 의료비 절감액 합계
는 41억 원에 달하는 것으로 분석되었다.

〈표 5-15〉 질병 발생 감소와 직접 의료비 절감: 방광암

흡연 중단 이후의 시간 경과		1-4	5-9	10-14	15-20
질병 발생 감소(명)		40	47	53	85
직접 의료비 절감(백만 원)	연차별	583	930	1,014	1,601
	누적	583	1,513	2,526	4,128

흡연 중단 1-4차 연도에 예방된 위암 신규 발생은 90명이었으
며, 5-9차 연도 109명, 10-14차 연도 270명, 15-20차 연도 313명
으로 흡연 중단 이후 20년 동안 총 782명의 신규 위암 환자 발생
이 예방되는 것으로 나타났다. 이에 따른 직접 의료비 절감액은
흡연 중단 1-4차 연도 14억 원, 5-9차 연도 22억 원, 10-14차 연
도 48억 원, 15-20차 연도 62억 원으로 직접 의료비 절감액 합계
는 145억 원에 달하는 것으로 분석되었다.

〈표 5-16〉 질병 발생 감소와 직접 의료비 절감: 위암

흡연 중단 이후의 시간 경과		1-4	5-9	10-14	15-20
질병 발생 감소(명)		90	109	270	313
직접 의료비 절감(백만 원)	연차별	1,389	2,157	4,756	6,169
	누적	1,389	3,546	8,302	14,472

흡연 중단 1-4차 연도에 예방된 5개 암 신규 발생자 규모는 271명이었으며, 5-9차 연도 692명, 10-14차 연도 883명, 15-20차 연도 970명으로 20년 동안의 5개 암 신규 발생 예방자 규모는 2,817명 수준인 것으로 나타났다. 이에 따른 직접 의료비 절감 규모는 흡연 중단 1-4차 연도에 48억 원, 5-9차 연도 142억 원, 10-14차 연도 180억 원, 15-20차 연도에 204억 원이며, 20년 동안의 누적 합계는 573억 원에 달하는 것으로 분석되었다.

〈표 5-17〉 질병 발생 감소와 직접 의료비 절감: 5개 암

흡연 중단 이후의 시간 경과		1-4	5-9	10-14	15-20
질병 발생 감소(명)		271	692	883	970
직접 의료비 절감(백만 원)	연차별	4,797	14,154	17,959	20,416
	누적	4,797	18,950	36,909	57,325

나. 흡연 중단으로 인한 직접 비의료비와 생산성 손실 절감

5개 암의 신규 발생 감소에 따른 직접 비의료비 절감액 합계는 흡연 중단 1-4차 연도에 8.4억 원, 5-9차 연도 25억 원, 10-14차 연도 31억 원, 15-20차 연도 36억 원이며, 20년 동안의 직접 비의료비 절감액 합계는 100억 원에 달하는 것으로 분석되었다.

〈표 5-18〉 직접 비의료비 절감: 5개 암(단위: 백만 원)

흡연 중단 이후의 시간 경과		1-4	5-9	10-14	15-20
폐암	연차별	235	1,499	1,543	1,517
	누적	235	1,735	3,278	4,795
췌장암	연차별	31	40	140	171
	누적	31	71	211	382
식도암	연차별	220	362	411	484
	누적	220	581	992	1,476
방광암	연차별	100	160	174	275
	누적	100	260	434	709
위암	연차별	256	399	878	1,140
	누적	256	655	1,532	2,673
합계	연차별	841	2,460	3,146	3,588
	누적	841	3,301	6,447	10,035

5개 암의 신규 발생 감소에 따른 입원과 외래진료로 인한 생산성 손실 절감액은 흡연 중단 1-4차 연도에 28억 원, 5-9차 연도 88억 원, 10-14차 연도 114억 원, 15-20차 연도 129억 원이며, 20년 동안의 생산성 손실 절감액 합계는 359억 원에 달하는 것으로 분석되었다.

〈표 5-19〉 이환으로 인한 생산성 손실 절감: 5개 암(단위: 백만 원)

흡연 중단 이후의 시간 경과		1-4	5-9	10-14	15-20
폐암	연차별	895	5,772	6,050	5,966
	누적	895	6,667	12,717	18,683
췌장암	연차별	128	173	592	731
	누적	128	300	893	1,624
식도암	연차별	570	963	1,094	1,294
	누적	570	1,532	2,627	3,920
방광암	연차별	252	413	449	709
	누적	252	666	1,115	1,824
위암	연차별	935	1,482	3,240	4,240
	누적	935	2,417	5,657	9,897
합계	연차별	2,779	8,803	11,426	12,940
	누적	2,779	11,582	23,008	35,948

조기사망 예방자 수는 폐암의 경우, 흡연 중단 1-4차 연도에 54명, 5-9차 연도 369명, 10-14차 연도 419명, 15-20차 연도 418명이며, 20년 동안에 예방된 조기 사망자 합계는 1,133명에 달하는 것으로 분석되었다. 조기사망에 따른 생산성 손실 절감액은 흡연 중단 1-4차 연도에 240억 원, 5-9차 연도 1,144억 원, 10-14차 연도 795억 원, 15-20차 연도 397억 원이며, 20년 누적 합계는 2,576억 원에 달하는 것으로 분석되었다.

췌장암의 경우, 흡연 중단 1-4차 연도에 9명, 5-9차 연도 12명, 10-14차 연도 43명, 15-20차 연도 52명이며, 20년 동안에 예방된 조기 사망자 합계는 117명에 달하는 것으로 분석되었다. 조기사망에 따른 생산성 손실 절감액은 흡연 중단 1-4차 연도에 42억 원, 5-9차 연도 41억 원, 10-14차 연도 93억 원, 15-20차 연도 57억 원이며, 20년 누적 합계는 232억 원에 달하는 것으로 분석되었다.

식도암의 경우, 흡연 중단 1-4차 연도에 43명, 5-9차 연도 73명, 10-14차 연도 83명, 15-20차 연도 98명이며, 20년 동안에 예방된 조기 사망자 합계는 297명에 달하는 것으로 분석되었다. 조기사망에 따른 생산성 손실 절감액은 흡연 중단 1-4차 연도에 189억 원, 5-9차 연도 240억 원, 10-14차 연도 179억 원, 15-20차 연도 107억 원이며, 20년 누적 합계는 716억 원에 달하는 것으로 분석되었다.

방광암의 경우, 흡연 중단 1-4차 연도에 8명, 5-9차 연도 15명, 10-14차 연도 16명, 15-20차 연도 26명이며, 20년 동안에 예방된 조기 사망자 합계는 66명에 달하는 것으로 분석되었다. 조기사망에 따른 생산성 손실 절감액은 흡연 중단 1-4차 연도에 36억 원, 5-9차 연도 50억 원, 10-14차 연도 35억 원, 15-20차 연도 28억 원이며, 20년 누적 합계는 150억 원에 달하는 것으로 분석되었다.

위암의 경우, 흡연 중단 1-4차 연도에 39명, 5-9차 연도 61명, 10-14차 연도 134명, 15-20차 연도 175명이며, 20년 동안에 예방된 조기 사망자 합계는 409명에 달하는 것으로 분석되었다. 조기 사망에 따른 생산성 손실 절감액은 흡연 중단 1-4차 연도에 172억 원, 5-9차 연도 202억 원, 10-14차 연도 287억 원, 15-20차 연도 191억 원이며, 20년 동안의 생산성 손실 절감액 합계는 852억 원에 달하는 것으로 분석되었다.

흡연 중단에 따른 5개 암 조기사망 예방자 수의 합계는 흡연 중단 1-4차 연도에 154명, 5-9차 연도 512명, 10-14차 연도 643명, 15-20차 연도 713명이며, 20년 동안에 예방된 조기 사망자 합계는 2,021명에 달하는 것으로 분석되었다. 조기사망에 따른 생산성 손실 절감액은 흡연 중단 1-4차 연도에 679억 원, 5-9차 연도 1,677억 원, 10-14차 연도 1,388억 원, 15-20차 연도 781억 원이며, 20년 누적 합계는 4,525억 원에 달하는 것으로 분석되었다.

<표 5-20> 이환으로 인한 생산성 손실 절감:
5개 암(단위: 명, 백만 원)

흡연 중단 이후의 시간 경과		1-4	5-9	10-14	15-20
폐암	조기사망 감소	54	350	367	362
	연차별 비용 절감	24,005	114,411	79,455	39,720
	누적 비용 절감	24,005	138,416	217,871	257,591
췌장암	조기사망 감소	9	12	43	52
	연차별 비용 절감	4,177	4,062	9,263	5,703
	누적 비용 절감	4,177	8,239	17,502	23,204
식도암	조기사망 감소	43	73	83	98
	연차별 비용 절감	18,927	24,028	17,925	10,741
	누적 비용 절감	18,927	42,955	60,880	71,621
방광암	조기사망 감소	8	15	16	26
	연차별 비용 절감	3,640	5,023	3,524	2,765
	누적 비용 절감	3,640	8,662	12,187	14,952
위암	조기사망 감소	39	61	134	175
	연차별 비용 절감	17,193	20,165	28,680	19,133
	누적 비용 절감	17,193	37,359	66,039	85,172
합계	조기사망 감소	154	512	643	713
	연차별 비용 절감	67,942	167,689	138,848	78,062
	누적 비용 절감	67,942	235,630	374,478	452,540

4. 질병 발생과 조기사망 감소의 연차별 양상

최근의 흡연 중단으로 인한 뇌졸중과 급성심근경색, 그리고 5
개 암의 신규 발생 감소 규모는 흡연 중단 1-4차 연도에 2,686명,
5-9차 연도 4,934명, 10-14차 연도 5,021명, 15-20차 연도 5,718명
으로 20년 동안의 누적 합계는 18,360명에 달하는 것으로 분석되
었다. 흡연 중단으로 인한 조기사망 예방 규모는 흡연 중단 1-4

차 연도에 764명, 5-9차 연도 1,840명, 10-14차 연도 1,954명, 15-20차 연도 2,216명으로 20년 동안의 누적 합계는 6,774명에 달하는 것으로 분석되었다.

〈표 5-21〉 질병 발생 감소와 조기사망 예방 규모(단위: 명)

흡연 중단 이후의 시간 경과		1-4	5-9	10-14	15-20	Total
뇌졸중	질병 발생	1,831	3,165	3,071	3,514	11,581
	조기사망	506	1,104	1,085	1,242	3,937
급성심근경색	질병 발생	584	1,077	1,067	1,234	3,962
	조기사망	105	225	225	261	815
폐암	질병 발생	72	437	415	402	1,326
	조기사망	54	350	367	362	1,133
췌장암	질병 발생	11	13	49	57	130
	조기사망	9	12	43	52	117
식도암	질병 발생	59	85	97	113	353
	조기사망	43	73	83	98	297
방광암	질병 발생	40	47	53	85	225
	조기사망	8	15	16	26	66
위암	질병 발생	90	109	270	313	782
	조기사망	39	61	134	175	409
합계	질병 발생	2,686	4,934	5,021	5,718	18,360
	조기사망	764	1,840	1,954	2,216	6,774

뇌졸중과 급성심근경색의 경우에는 신규 질병 발생과 조기사망 예방 규모가 흡연 중단 7차 연도까지 급격히 증가하고, 그 이후에는 점진적으로 감소하는 경향을 보이는 데 반해, 폐암의 신규 발생 예방 규모는 흡연 중단 5차 연도 이후 급격히 증가하여 일정한 수준을 유지하다가 15차 연도 이후에는 감소하는 경향을

보이며, 폐암의 조기사망 예방은 흡연 중단 9차 연도에 정점에
도달한 이후 점진적으로 감소하는 경향을 보인다. 나머지 암의
경우에는 흡연 중단 9차 연도 이후에 급격히 증가하여 일정한
수준을 유지하는 것으로 나타났다.

〈그림 Ⅴ-4〉 연차별 질병 발생 감소 규모: 뇌졸중, 급성심근경색

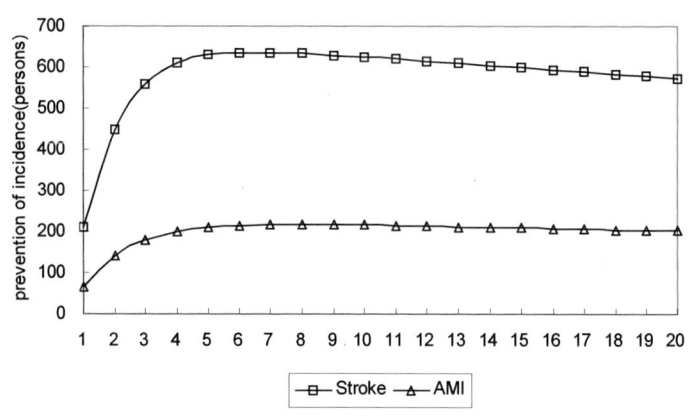

〈그림 Ⅴ-5〉 연차별 질병 발생 감소 규모: 5개 암

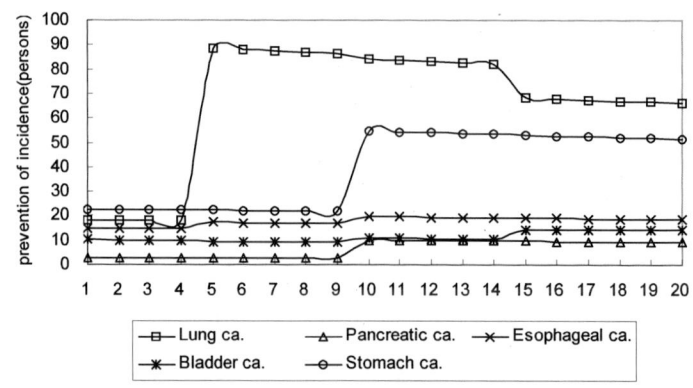

〈그림 Ⅴ-6〉 연차별 조기사망 예방 규모: 뇌졸중, 급성심근경색

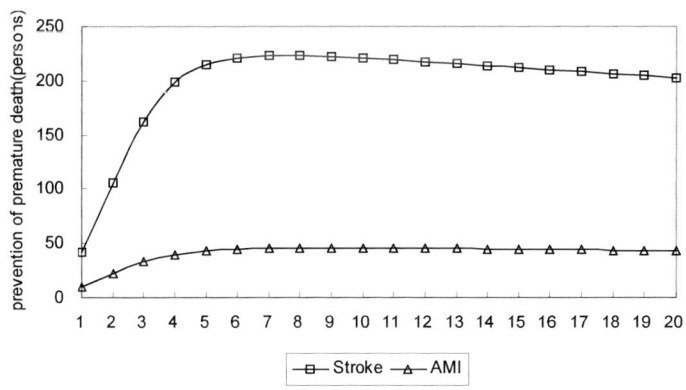

〈그림 Ⅴ-7〉 연차별 조기사망 예방 규모: 5개 암

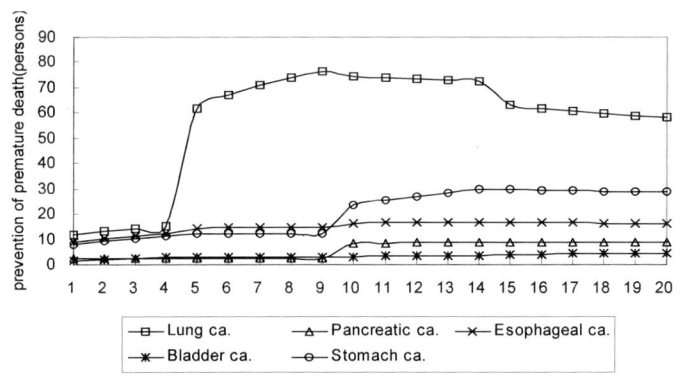

5. 민감도 분석 결과

민감도 분석을 위해 연령 표준화 흡연 중단 성공률과 이의
95% 신뢰구간 상하한 값을 각각 적용하여 질병 발생과 조기사망

감소, 그리고 이에 따른 비용 절감 규모를 산출하였고, 이에 대해
각각 3%, 5%의 할인율을 적용하였다.

연령 표준화 흡연 중단 성공률의 95% 신뢰구간 상·하한 값
을 적용한 경우, 20년 누적 기준으로 흡연 중단에 따른 질병 발
생 감소는 12,27명부터 24,540명, 조기사망 감소는 4,527명부터
9,054명의 범위를 보였다.

〈표 5-22〉 질병 발생과 조기사망 감소에 대한
민감도 분석 결과(단위: 명)

흡연 중단 이후의 시간 경과		1-4	5-9	10-14	15-20	Total
평균	질병 발생	2,686	4,934	5,021	5,718	18,360
	조기사망	764	1,840	1,954	2,216	6,774
95% 신뢰구간 하한값	질병 발생	1,796	3,298	3,355	3,821	12,270
	조기사망	511	1,230	1,306	1,481	4,527
95% 신뢰구간 상한값	질병 발생	3,593	6,595	6,709	7,643	24,540
	조기사망	1,022	2,459	2,611	2,961	9,054

할인율을 적용하지 않은 경우의 비용 절감 규모는 직접 의료
비가 1,002억 원~2,005억 원, 직접 비의료비가 382억 원~764억
원, 이환으로 인한 생산성 손실이 650억 원~1,300억 원, 조기사
망으로 인한 생산성 손실이 1조703억 원~2조1,406억 원으로 전
체 비용 절감 규모는 1조2,738억 원~2조5,475억 원의 범위를 보
이는 것으로 추계되었다.

3% 할인율 적용 시에는 직접 의료비가 746억 원~1,491억 원,
직접 비의료비가 285억 원~570억 원, 이환으로 인한 생산성 손

실이 481억 원~962억 원, 조기사망으로 인한 생산성 손실이 8,560억 원~1조7,119억 원으로 전체 비용 절감 규모는 1조71억 원~2조142억 원의 범위를 보이는 것으로 추계되었다.

5% 할인율 적용 시에는 직접 의료비가 623억 원~1,246억 원, 직접 비의료비가 238억 원~477억 원, 이환으로 인한 생산성 손실이 401억 원~801억 원, 조기사망으로 인한 생산성 손실이 7,478억 원~1조4,956억 원으로 전체 비용 절감 규모는 8,740억 원~1조7,480억 원의 범위를 보이는 것으로 추계되었다.

〈표 5-23〉 비용 절감 규모에 대한 민감도 분석 결과(단위: 백만 원)

	평균	(95% 신뢰구간)
할인율 미적용		
직접 의료비 절감	150,005	(100,245-200,489)
직접 비의료비 절감	57,178	(38,213-76,427)
이환 감소로 인한 생산성 손실 절감	97,253	(64,990-129,980)
조기사망 감소로 인한 생산성 손실 절감	1,601,496	(1,070,323-2,140,646)
합계	1,905,933	(1,273,771-2,547,542)
3% 할인율 적용		
직접 의료비 절감	111,566	(74,558-149,117)
직접 비의료비 절감	42,632	(28,492-56,985)
이환 감소로 인한 생산성 손실 절감	71,976	(48,099-96,199)
조기사망 감소로 인한 생산성 손실 절감	1,280,744	(855,974-1,711,947)
합계	1,506,919	(1,007,124-2,014,247)
5% 할인율 적용		
직접 의료비 절감	93,236	(62,309-124,618)
직접 비의료비 절감	35,682	(23,848-47,695)
이환 감소로 인한 생산성 손실 절감	59,930	(40,050-80,100)
조기사망 감소로 인한 생산성 손실 절감	1,118,876	(747,800-1,495,600)
합계	1,307,723	(874,007-1,748,014)

제3절 분석 결과 고찰

1. 연구 결과에 대한 고찰

최근의 흡연 중단으로 인한 신규 질병 발생과 조기사망 예방의 규모는 20년 누적 기준으로 각각 18,360명(12,270명~24,540명)과 6,774명(4,527명~9,054명)인 것으로 나타났다. 이를 연평균으로 환산할 경우, 연간 918명(614명~1,227명)의 신규 질병 발생과 339명(226명~453명)의 조기사망을 예방하는 효과가 있다. 본 연구에서 산출한 신규 질병 발생과 조기사망 예방의 규모는 과소추정되었을 가능성이 있다. 35세 이상, 65세 미만의 성인 남성만을 대상으로 했기 때문에 그 외 연령대의 남성 흡연자와 여성 흡연자의 흡연 중단으로 인한 질병 발생과 조기사망 감소는 포함되지 않았다. 그리고 흡연 중단 이후의 질병 발생 상대위험도 감소에 대한 선행 연구 결과가 축적된 7개 질병만을 분석 대상으로 했고, 담배가격인상을 포함한 금연사업으로 인한 흡연 예방 효과를 포함하지 않았다. 향후, 흡연 중단 이후의 질병 발생 감소와 흡연 시작 예방 효과를 계량화한 연구 결과가 추가적으로 축적된다면, 흡연 중단으로 인한 질병 발생과 조기사망 감소 효과는 더욱 늘어날 것으로 예상된다.

질병 발생 감소로 인한 비용 절감을 20년 누적 기준으로 살펴보면, 직접 의료비가 1,500억 원(1,002억 원~2,005억 원), 직접 비의료비가 572억 원(382억 원~764억 원), 이환으로 인한 생산성 손실이 973억 원(650억 원~1,300억 원), 조기사망으로 인한 생산성 손실이 1조 6,015억 원(1조 703억 원~2조 1,406억 원)으로 전체 비용 절감 규모는 1조 9,059억 원(1조 2,738억 원~2조 5,475억 원)에 이르는 것으로 나타났다. 이를 연평균으로 환산할 경우, 직접 의료비는 연간 75억 원(50억 원~100억 원), 직접 비의료비는 29억 원(19억 원~38억 원), 이환으로 인한 생산성 손실은 49억 원(32억 원~65억 원), 조기사망 예방으로 인한 생산성 손실은 801억 원(535억 원~1,070억 원)으로 연간 953억 원(637억 원~1,274억 원)의 비용 절감 효과가 발생하는 것으로 나타났다. 본 연구에서는 65세까지 임금소득이 발생하는 경제활동이 이루어지는 것으로 가정하였기 때문에 조기사망 예방으로 인한 생산성 손실 절감이 과소추정되었을 가능성이 있다. 또한 뇌졸중과 급성심근경색은 신규 발생 이후 3년, 암은 신규 발생 이후 5년 동안의 직접 의료비와 직접 비의료비, 이환으로 인한 생산성 손실 비용만을 포함하였으며, 해당 질환이 재발하는 경우도 포함하지 않았다. 지선하의 연구(2005)에 따르면, 흡연으로 인한 직접 의료비 지출은 2003년 현재 4,881억 원 규모인데, 이번에 이루어진 흡연 중단으로 연간 1.5% 이상의 흡연 관련 직접 의료비 지출이 지속적으로 절감될 것으로 추정된다. 흡연으로 인한 경제적 손실 규모를 추정한 김한중 등(2001)의 연구에서는 직접 의료비 : 직접 비의료비 : 이환으로 인한 생산성 손실 : 조기사망으로 인한 생산성 손실의 비율이 1.00 : 0.14 : 0.30 : 14.74인 데 반해, 흡연 중단의 경제적 편익을 분석한 본 연구에서는 그 비율이 1.00 : 0.38 : 0.65 : 10.68인 것으로 나타나 직접 의료비 대비 비중이 직접 비의료비와 이환으로 인한 생산성 손실 부문은 본 연구의 비중이 더 크고, 조기사망으로 인한 생산성 손실 부문은 본 연구의 비중이 더 적은 것으로 나타났다. 본 연구의 생산성 손실 부문의 비중이 상대적으로 낮은 이유는 김한중 등(2001)의 연구에서는 65세 이후 연령대의 경제활동을 인정하여, 60-64세 연령대 연평균 임금의 50%를 적용한 데 반해, 본 연구에서는 65세 이후의 경제활동으로 인한 생산성 손실을 포함하지 않았기 때문이다.

2. 연구 방법에 대한 고찰

가. 흡연 중단 규모 추정을 위한 추적관찰조사의 제한점

본 연구의 흡연 중단 성공률은 700명의 성인 남성 흡연자를 대상으로 6개월 동안 추적관찰한 패널조사 결과를 활용하여 산출하였다. 이에 따른 제한점은 다음과 같다.

첫째, 6개월로 제한된 추적관찰 기간으로 인한 과소추정과 과다추정의 가능성이다. 본 연구에서는 추적관찰 기간 동안 지속적으로 흡연 중단 상태를 유지한 경우만을 흡연 중단 성공자로 포함하였으며, 추적관찰 기간 중간에 흡연을 중단하고, 이후 그 상태를 유지한 경우에는 흡연 중단 성공자로 포함되지 않았다. 본 조사 결과,

추적관찰 1개월 경과된 이후에도 신규 흡연 중단자는 계속 발생하는 것으로 나타났다. 따라서 추적관찰 기간을 늘렸을 경우, 흡연 중단 성공자의 수가 늘어날 가능성이 있다. 이와 반대로 추적관찰 기간 동안에는 흡연 중단 상태를 유지했지만, 추적관찰 종료 후에 다시 흡연을 시작하는 경우를 상정할 수 있다. 그러나 외국의 선행 연구들에 따르면, 담배가격인상이나 금연사업 등으로 흡연 중단을 한 경우에도 흡연 중단 6개월까지는 흡연 중단에 실패해서 다시 흡연을 하는 경우가 늘어나다가, 6개월 이후부터는 흡연 중단 성공률이 일정한 수준을 유지하는 것으로 알려져 있다. 이에 따라 6개월 이상 흡연 중단 상태를 유지하면, '흡연 중단 성공'으로 정의하는 것이 일반적이다(Lancaster and Stead, 2004; Law and Tang, 1995; Prochaska et al., 2004; Silagy et al., 2004). 따라서 추적관찰 조사 기간의 제한에 따른 흡연 중단 성공률의 과다추정의 가능성은 크지 않을 것으로 예상된다.

둘째, 앞의 제한점과 연관된 내용으로 6개월의 추적관찰 조사를 통해 파악한 흡연 중단 성공 상태가 향후 20년 동안 지속된다고 가정한 점이다. 어떤 금연정책이 시행된 지 6개월 이상이 경과하면, 흡연 상태가 비교적 일정하게 유지된다는 외국의 선행 연구 결과에도 불구하고, 흡연 상태의 변화는 장기간에 걸쳐 지속적으로 이루어질 수 있다. 이 같은 제한점을 최소화하기 위해 어떤 변수들이 가지고 있는 과거의 동적 특성을 분석함으로써 그 변수들의 미래에 있을 변화를 연속적으로 예측하기 위한 수학적 기법인 마코브 분석 등을 활용한 추가적인 분석이 이루어질 필요가 있다.

나. 비용 추정의 제한점

첫째, 뇌졸중과 급성심근경색의 직접 비의료비 추정의 제한점이다. 이들 질환에 대한 연차별 직접 비의료비를 산출한 국내 선행 연구가 부족하였기 때문에 기존 연구 결과를 활용한 추정치를 적용하였다. 뇌졸중의 경우에는 질병 발생 1차년의 직접 의료비와 직접 비의료비의 월별로 산출한 이건세 등(2004)의 연구 결과를 활용하였다. 뇌졸중 발생 1차년의 직접 비의료비는 이건세 등(2004)의 직접 의료비 대비 직접 비의료비 비율을 적용하여 산출하였으며, 1차년의 반기별 직접 비의료비 지출액 감소비율이 2차년 이후에도 동일하게 유지된다고 가정하여, 뇌졸중 발생 2차년과 3차년의 직접 비의료비를 산출하였다. 그 결과, 2차년과 3차년의 직접 비의료비는 1차년의 68.9%, 47.4%의 수준으로 산출되었다. 그리고 급성심근경색의 경우에는 직접 비의료비에 대한 국내 선행 연구가 부재하였기 때문에 연차별 직접 의료비 대비 직접 비의료비 비율이 뇌졸중과 동일한 것으로 가정하여 산출하였다. 그러나 뇌졸중과 급성심근경색의 직접 의료비 대비 직접 비의료비 비율은 상이할 것으로 예상되며, 뇌졸중의 경우에도 질병 발생 2차년 이후의 직접 비의료비가 1차년의 반기별 감소 비율을 보이지 않을 가능성이 크다. 따라서 뇌졸중과 급성심근경색의 연차별 직접 비의료비에 대한 추정치 적용은 본 연구의 중요한 제한점 중의 하나로 지적될 수 있다. 그러나 뇌졸중과 급성심근경색의 직접 비의료비 절감 규모는 흡연 중단으로 인한 전체 비

용 절감액의 2.5% 수준이므로 전체 연구 결과에 큰 영향을 미치
지는 않은 것으로 예상된다.

둘째, 이환과 조기사망에 따른 생산성 손실은 전통적인 인적자
원접근법(human capital method)을 통해 산출하였는데, 이환과
조기사망에 따른 경제활동 손실 기간 동안의 임금소득 상실로
산출되는 생산성 손실은 과다추정의 가능성이 높은 것으로 지적
되고 있다(Drummond et al., 1997). 이에 따라 최근에는 마찰비
용법(friction cost methods)과 같은 방법론을 통해 생산성 손실
비용을 추정해야 한다는 견해가 제시되고 있다(이건세 등, 2004:
Koopmanschap and van Ineveld, 1992). 마찰비용법은 자신이 업
무를 하지 못하는 시점에서 해당 업무를 위해 다른 사람을 충원
하는 시점까지의 기간인 마찰 기간(friction period)을 기준으로
생산성 손실을 추정해야 한다는 개념으로 마찰 기간과 이에 따
른 생산성 손실은 해당 시기의 노동시장의 상황에 따라 달라진
다. 기존의 인적자원접근법이 질병에 걸린 개인 관점에서의 생산
성 손실을 추정한 데 반해 마찰비용법은 생산성 손실을 전체 사
회적 관점에서 추정하는 것이다. 따라서 인적자원접근법에 비해
질병의 사회적 부담을 보다 현실적으로 산출하는 것으로 평가할
수 있다(Koopmanschap and van Ineveld, 1992).

다. 질병 발생 상대위험도 적용의 제한점

흡연으로 인한 질병 발생 상대위험도와 흡연 중단 이후의 질

병 발생 상대위험도 감소를 연구한 국내 선행 연구가 부족하기 때문에 본 연구에서는 외국의 연구 결과를 적용하였다. 인접국인 일본에서 이루어진 연구 결과가 존재하는 폐암과 췌장암의 경우에는 일본의 연구 결과를 적용하였고, 나머지 질환은 대규모 인구집단을 대상으로 한 대표성 있는 미국의 연구 결과를 적용하였다. 지금까지 흡연과 질환 발생의 인과관계에 대한 연구는 서구 선진국을 중심으로 이루어졌다. 그러나 국가 간의 개인별 흡연 행태, 담배의 유해물질 농도와 필터 유형, 흡연과 복합작용을 일으킬 수 있는 대기오염과 실내공기오염 등의 차이 때문에 서구 선진국의 연구 결과를 동일하게 적용하는 데에는 한계가 있다(Stellman et al., 2001; Warner, 2005). 흡연으로 인한 질병 발생의 상대위험도의 크기와 흡연 중단 이후의 질병 발생 상대위험도 감소 비율이 상이할 수 있기 때문이다. 실제로 흡연으로 인한 미국 성인 남성의 폐암 발생 상대위험도는 일본과 중국에 비해 10배 가까이 차이가 나고 있다(Liu et al., 1998; Stellman et al., 2001). 그러나 이 같은 질병 발생 상대위험도의 차이에도 불구하고, 흡연 중단 이후의 질병 발생 상대위험도 감소 비율은 비교적 유사한 것으로 추정된다. 미국과 일본의 흡연 중단 이후의 폐암 발생 상대위험도의 감소를 비교 분석한 Stellman 등(2001)의 연구에 따르면, 성인 남성 흡연자의 폐암 발생 상대위험도는 미국이 일본에 비해 10배 이상 높았지만, 흡연 중단 이후의 폐암 발생 상대위험도 감소 비율은 차이가 없는 것으로 나타났다(미국 : 연령, 교육수준, 병원 보정, 일본 : 연령,

교육수준 보정). 미국과 일본의 성인 남성 흡연자를 대상으로 흡
연 중단 이후의 췌장암 발생의 상대위험도 감소를 독립적으로
분석한 연구를 비교한 결과에서도 췌장암 발생의 상대위험도 차
이에도 불구하고, 흡연 중단 이후의 췌장암 발생 상대위험도 감
소 비율은 비슷한 수준인 것으로 나타났다(Coughlin et al., 2000;
Lin et al., 2001). 그리고 미국, 남미, 이탈리아의 성인 남성 흡연
자를 대상으로 독립적으로 이루어진 기존 연구를 비교한 결과,
흡연 중단 이후의 식도암 발생 상대위험도 감소 비율은 흡연 중
단 1-5년 사이에는 차이가 있었으나, 그 이후 기간에는 비교적
비슷한 수준을 유지하는 것으로 나타났다(Castellsagué et al.,
1999; Kabat et al., 1993; Zambon et al., 2000). 흡연 중단 이
후의 관상동맥질환 사망 상대위험도의 감소를 분석한 미국의
연구 결과(ACS CPS-Ⅰ, Ⅱ)와 일본의 연구 결과를 비교 분석
한 결과에서도 흡연 중단 직후 1년 동안에는 상대위험도 감소
비율의 차이가 있었으나, 그 이후 기간에는 비교적 유사한 비율
로 감소하는 것으로 나타났다(Hammond and Garfinkel, 1969;
Iso et al., 2005; USDHHS, 1990). 뇌졸중의 경우에는 하루 흡연
량이 20개비 이하인 경우와 21개비 이상인 경우 간의 차이가 있
었다. 하루 흡연량이 20개비 이하인 미국 성인 남성의 흡연 중단
이후의 뇌졸중 사망 상대위험도 감소 비율은 일본의 연구 결과
와 전 구간에 걸쳐 비슷한 수준을 유지하였다. 그러나 하루 흡연
량이 21개비 이상인 경우에는 흡연 중단 1-5년 사이에는 비슷한
수준을 유지하였지만, 그 이후 기간에는 미국의 뇌졸중 발생 상

대위험도가 일본보다 높은 수준을 유지하였다(Iso et al., 2005;
USDHHS, 1990).

현재 흡연자의 흡연으로 인한 암 발생 위험의 상대위험도를
산출한 국내 연구로는 Yun 등(2005)과 Jee 등(2004)의 연구가
유일하다(Table 29). 이들 선행 연구 결과와 본 연구에서 적용한
미국과 일본의 연구 결과를 비교한 결과, 췌장암, 식도암, 방광암
발생의 상대위험도는 비교적 일치하였다. 그러나 폐암과 위암의
경우에는 본 연구에서 적용한 상대위험도가 국내 선행 연구 결
과에 비해 다소 높은 것으로 나타나 흡연 중단의 편익이 과다추
정 되었을 가능성이 있다.

〈표 5-24〉 현재 흡연자의 암 발생 상대위험도에 대한 국내 연구 결과

	Yun et al., 2005	Jee et al., 2004	본 연구
폐암	3.83	4.00	4.50(Japan)
췌장암	1.58	1.50	1.60(Japan)
식도암	4.46	3.10	4.50(U.S.)
방광암	2.24	2.00	2.47(U.S.)
위암	1.62	1.50	2.33(U.S.)

뇌졸중과 급성심근경색증의 경우에는 흡연으로 인한 의료이용
과 사망의 상대위험도를 산출한 국내 선행 연구는 일부 존재한
다(이상규 등, 2002; Kang et al., 2003). 그러나 질병 발생의 상
대위험도를 산출한 연구는 없기 때문에 대규모 인구집단을 대상
으로 미국에서 이루어진 연구 결과를 종합한 Lightwood와

Glantz(1997)의 연구 결과를 적용하였다. 그러나 흡연으로 인한
뇌졸중 발생의 상대위험도를 산출한 일본의 연구 결과와 비교할
때, 본 연구에서 적용한 상대위험도가 다소 높은 것으로 나타나
심혈관계질환에 대한 흡연 중단의 편익이 과다추정 되었을 가능
성이 있다.

제6장

건강물가지수에 대한 정책 검토

소비자물가지수는 소비자가 일상 소비생활에 쓸 용도로 구입하는 재화의 가격과 개인서비스 요금의 변동을 조사함으로써 가계의 평균적인 생계비 변동을 측정하기 위한 지표이다. 가구의 생활과 밀접한 관계를 지닌 물가지수로서 대표적인 인플레이션 지표이기도 하다. 현재 우리나라의 소비자 물가지수(2000년 기준)는 서울을 비롯한 36개 주요 도시이며 조사대상품목은 가계소비지출 중에서 1/10,000 이상의 비중을 차지하는 516개 품목으로 구성되어 있다. 이 가운데는 상품이 357개 서비스가 159개 품목으로 되어 있다.

소비자 물가지수에 대한 이론적 배경(Baker 1998, Triplett 1999)은 생계비 이론과 비생계비 이론이 있다. 생계비 이론은 소비행위에 대한 가치판단이 없이 단지 가계의 지출만을 기준으로 가중치를 정하여 작성하게 된다. 비생계비 이론은 소비행위에 대한 가치판단을 출발점으로 물가지수의 작성 목적에 따라 다양한 가중치를 적용하여 작성하게 된다. 소비자 물가지수를 작성함에 있어서 생계비이론에만 근거하여 소비행위에 대한 가치판단이 없이 가계지출을 기준으로 작성하는 방식과 반대로 소비행위에 대한 가치판단이 포함된 지수작성을 병행하는 방식에 대한 논쟁은 오래 전부터 제기되어 왔다. 최근 뉴질랜드에서 조세제도의 개혁과 함께 두 방식의 병행에 대한 검증이 진행되고 있고(Valadkhani 2005) 영국의 경우 이론적으로도 소매물가지수와 생계비 지수에 대한 연구 결과가 발표되고 있다(Grawford and Image 2004).

현재 세계 각국의 소비자 물가지수는 대부분 생계비 이론에 근거하여 작성되고 있다. 다만 프랑스, 벨기에, 이탈리아 등에서는 최저임금의 결정 등을 위한 가구후생의 비교기준으로 담배, 알코올, 에너지 등의 소비지출을 제외한 물가지수를 산출하여 기존의 소비자 물가지수와 함께 발표하고 있다.

제1절 소비자 물가지수상의 담배가중치

우리나라는 소비자 물가지수의 기준을 매 5년마다 설정하여 변동하고 있다. 이 가운데 담배가 차지하는 가중치를 보면 1981년 19.0/1,000, 1982년 18.5/1000, 1983년 20.9/1,000이고 1984년과 1985년 사이에는 19.0/1,000이다. 1986년에서 1995년 사이에는 8.9/1,000이고 1996년에서 2000년 사이에는 7.8/1,000이며 2001년 이후에는 10.1/1,000이다.

〈표 6-1〉 한국의 소비자물가지수상의 담배가중치(단위: 가중치/1000)

연도	1981	1982	1983	1984-1985	1986-1995	1996-2000	2001-2005
가중치	19.0	18.5	20.9	19.0	8.9	7.8	10.1

자료: 통계청 통계연보 각 연도

1986년 이전에는 담배 단일 품목이 소비자 물가지수에서의 가

중치가 20/1,000 전후로 담배지출이 매우 높은 비중을 차지하고
있었고, 이후에는 현저히 낮아진 가중치를 보이고 있다. 2000년
이후에는 다소 다시 가중치가 상승하는 경향을 보이고 있다.

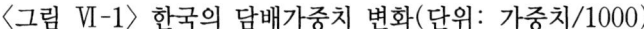

〈그림 Ⅵ-1〉한국의 담배가중치 변화(단위: 가중치/1000)

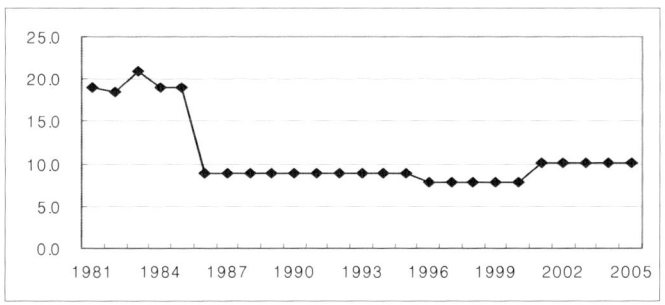

소비자 물가지수에서 차지하는 담배의 가중치를 세계 각국과
비교해보면 한국의 경우 아직 매우 낮은 가중치를 보이고 있다.
한국과 미국을 제외한 유럽 각 나라의 자료는 유럽 연합에서 작
성하는 조율물가지수(Harmonized Index of Consumer Price:
HICP)상의 가중치이다. 미국을 제외한 대부분의 서구 선진국들의
경우 우리나라보다 거의 두 배 이상의 가중치를 나타내고 있다.
 담배가중치가 가장 높은 나라는 아일랜드로 2004년 기준
54.7/1000 이고 다음으로 그리스가 43.2/1000이다. 미국이 가장
낮은 가중치로서 8.0/1000을 보이고 있다. 대부분의 유럽국가들은
20/1000 이상을 나타내고 있다. 한국, 그리스, 오스트리아는 1990
년대 후반에 비해 2000년 이후에 현저히 담배가중치가 높아지고

있으며 미국은 반대로 담배가중치가 최근에 두 배 이하로 낮아
지는 현상을 보여주고 있다.

유럽 선진국들의 담배가중치가 우리나라보다 현저히 높은 것
은 선진국들의 낮은 흡연율과 높은 담배가격이 그 이유로 짐작
된다(김용익 이규식 황성현 강광하 2003, 김용익 이진석 2003, 김
원년 이충렬 2002, 김원년 2005).

〈표 6-2〉 세계 각 국의 소비자 물가지수상의 담배가중치
(단위: 가중치/1000)

연도	1996	1997	1998	1999	2000	2001	2002	2003	2004
한국	7.8	7.8	7.8	7.8	7.8	10.1	10.1	10.1	10.1
미국	16.1	16.9	11.6	12.6	13.1	9.3	9.9	8.1	8.0
영국	35.0	36.0	36.0	33.0	31.0	28.0	31.0	28.0	27.0
독일	23.8	24.4	24.1	25.1	23.4	22.3	22.7	23.8	25.5
프랑스	20.6	21.1	21.3	22.1	21.3	20.3	21.1	22.0	22.5
이탈리아	18.8	18.7	19.2	20.5	20.0	18.7	18.9	20.0	21.1
네덜란드	26.0	26.5	27.0	28.7	27.3	27.0	27.8	19.9	20.2
아일랜드	45.9	55.1	57.7	58.4	60.3	58.7	48.5	52.3	54.7
스페인	20.3	21.6	24.6	24.4	23.0	22.6	23.3	22.7	22.5
그리스	32.5	31.6	33.1	42.3	41.2	41.8	40.1	41.2	43.2
벨기에	14.1	14.4	14.7	15.0	12.4	11.5	11.8	12.0	13.4
핀란드	27.9	28.0	28.1	28.7	26.9	26.8	20.4	20.2	20.1
스웨덴	26.1	24.1	27.8	19.0	21.6	22.3	22.1	21.0	18.5
오스트리아	18.6	19.5	19.3	19.8	21.1	21.8	22.1	23.1	23.1

자료: 미국(http://www.bls.gov/cpi/cpi__riar.htm)
　　　유럽각국:
　　　http://epp.eurostat.cec.eu.int/extraction/retrieve/en/theme2/price/hicp/hinw?Out
　　　putDir=EJOutputDir__85&user=unknown&clientsessionid=3C67EEE36A9FD1A
　　　81CC4D15C56907FD6.extraction-worker-1&OutputFile=hinw.htm&OutputMode
　　　=U&NumberOfCells=37&Language=en&OutputMime=text%2Fhtml&

제2절 건강물가지수 국외 현황

소비자 물가지수에서 담배, 알코올 에너지 등을 제외한 물가지수를 산출하여 기존의 물가지수와 함께 발표하고 있는 나라들은 프랑스, 벨기에, 이탈리아 등이다. 프랑스와 이탈리아는 담배를 제외한 것을 물가지수로 표기하고 있고, 벨기에는 담배·주류·가솔린·디젤 등 품목을 제외하고서 건강물가지수(health index)로 표기한다.

1. 프랑스 소비자 물가지수

프랑스는 전 도시 가구에 대하여 소비자 물가지수를 음식물, 담배, 공산품, 에너지, 서비스 등의 항목으로 구분하고 담배를 음식물에 포함한 경우와 음식물에 포함하지 않은 지수를 작성, 공표하고 있다. 또 전체 지수에서도 담배를 포함한 경우와 담배를 제외한 경우로 구분하여 사용한다.

도시 근로자 가구들에 대하여서도 담배를 제외한 소비자 물가지수와 담배를 포함한 소비자 물가지수를 함께 산출하여 후생복지 정책에 사용하고 있다. 이와 같은 담배 품목에 대한 구분은 최근 담배가격을 파격적으로 올려서 흡연율 하락정책을 강하게 추진하고 있는 프랑스 정부의 정책 일환으로 짐작된다.

<표 6-3> 프랑스 소비자 물가지수(1998＝100)

구 분	2004.12	2005.11	2005.12	전월 대비증가율(%)	전년 대비증가율(%)
도시 전 가구					
전 체	111.3	112.9	113.0	0.1	1.5
음식물	113.4	113.7	114.2	0.4	0.7
담 배	177.2	178.5	178.5	0.0	0.7
공산품	101.6	101.1	101.0	-0.1	-0.6
에너지	122.3	134.2	132.3	-1.4	8.2
서비스	112.9	115.2	115.7	0.4	2.5
담배 포함 음식물	119.3	119.7	120.1	0.3	0.7
에너지 제외 전체	110.4	111.3	111.6	0.3	1.1
담배 제외 전체	110.1	111.8	111.9	0.1	1.6
도시 근로자 가구					
전체	111.8	113.3	113.5	0.2	1.5
담배제외	110.1	111.6	111.8	0.2	1.5

자료: http://www.insee.fr/en/indicateur/indic__conj/liste__serie.asp?ind__id=29

2. 벨기에 소비자 물가지수

벨기에는 일반 소비자 물가지수에서 담배, 알코올, 가솔린, 디젤, 맥주 등의 소비를 제외한 건강 물가지수를 산출하여 임금 임대료 등을 지수화 하여 법적 기준으로 사용하고 있다. 구체적으로 소비자 지출을 음식물, 담배, 피복 및 신발, 주거, 수도, 전기 및 가스, 가구 및 집기, 보건의료, 교통, 통신, 여가 및 문화, 교육, 호텔 카페 및 레스토랑, 기타로 구분하여 각 항목에 대한 지수를 작성한다.

특히 벨기에는 건강지수(Health Index)로서 일반 소비자물가지수에서 담배, 알코올, 가솔린, 디젤, 맥주 등의 품목을 제외시키고 소비자 물가지수를 작성하여 저소득층에 대한 후생복지 기준으로서 임금 임대료 등의 지원정책에 활용하고 있다.

<표 6-4> 벨기에 소비자 물가지수

구 분	2004.12	2005.01	2005.02	2005.03	2005.04	2005.05
건강지수(Health index)	114.6	115.2	115.9	115.8	116.0	116.2
종합조율소비자물가지수 (HICP index , general index)	113.7	116.2	116.9	117.1	117.3	117.7
종합지수(General index)	115.8	116.6	117.4	117.6	117.8	118.2
음식물(Foodstuffs and beverages)	116.4	117.3	119.1	119.2	120.0	119.3
담배(Tobacco)	143.4	143.8	143.9	144.0	144.2	144.6
피복 및 신발(Clothing and footware)	107.8	107.9	107.8	107.8	107.8	107.7
주거 수도 전기 가스 (Accomodation, water, electricity, gas)	120.3	121.6	122.8	123.4	122.5	124.1
가구 및 집기 (Soft furnishing and home maintenance)	110.9	111.0	111.2	111.3	111.4	111.6
보건 의료(Health expenditure)	115.8	116.0	116.1	116.4	116.5	116.6
교통(Transport)	120.8	122.5	124.0	126.4	126.3	127.6
통신(Communication)	94.5	95.11	95.1	95.04	94.9	94.97
여가 및 문화(Leisure and culture)	107.8	108.3	107.6	105.4	106.3	106.7
교육(Education)	118.7	118.7	118.7	118.7	118.7	118.7
호텔 카페 레스토랑 (Hotels cafe restaurants)	123.2	123.8	124.2	124.7	125.1	125.4
기타(Various goods and services)	118.2	118.7	118.9	119.2	119.4	119.5

자료: http://www.nbb.be/doc/dq/E/dq3/IEE.pdf

3. 이탈리아 소비자 물가지수

이탈리아 소비자들의 가계지출은 식품과 무알코올음료, 알코올음료와 담배, 의류와 신발, 주거, 물, 전기와 연료, 가구, 장식류, 의료와 건강유지. 교통, 통신, 레저 및 문화활동, 교육, 숙박 및 대중업소, 재산 및 기타 서비스로 비교적 상세한 기준으로 소비자 물가지수에 반영된다.

특히 종합적인 소비자 물가지수에서 담배항목을 제외시킨 FOI 물가지수(CPI for white and blue collar workers without tobacco)

178

가 근로자를 위한 물가변화 판단의 기준으로 활용되고 있다. 연평
균으로 작성된 일반 소비자 물가지수와 담배 제외 소비자물가지수
와는 거의 차이가 나타나지 않으나 월별로 작성된 두 물가지수는
다소의 차이를 보이고 있다(http://pertal.istat.it/daticon/).

〈표 6-5〉이탈리아 소비자 물가지수(1998＝100)

구 분	1999	2000	2001
식품과 무알코올음료(Alimentari e bevande analcolicheMedia)	100.7	102.4	106.0
알코올음료와 담배(Bevande alcoliche e tabacchi)	101.1	102.5	105.0
의류와 신발(Abbigliamento e calzature)	101.0	104.6	108.0
주거, 물, 전기와 연료(Abitazione, acqua, elettricite combustibili)	101.4	108.1	111.9
가구, 장식류 및 액세서리(Mobili, articoli di arredamento, servizi domestici)	100.8	102.3	105.3
의료 및 건강유지(Servizi sanitari e spese per la salute)	102.2	107.9	112.0
교통(Trasporti)	102.4	107.6	109.2
통신(Comunicazioni)	97.9	94.5	92.4
레저 및 문화활동(Ricreazione, spettacoli,cultura)	100.1	100.9	104.6
교육(Istruzione)	104.5	109.4	112.3
숙박과 대중업소(Alberghi e pubblici esercizi)	101.1	107.6	110.7
재산 및 기타서비스(Beni e servizi vari)	101.7	105.0	109.9
일반지수(담배포함)Indice generale(con tabacchi)	101.3	104.8	107.9
일반지수(담배제외)Indice generale(senza tabacchi)	101.3	104.8	107.9

자료: http://www.istat.it/prezzi/precon/aproposito/

제3절 건강물가지수의 국내 적용 가능성 및 작성 시도

프랑스, 벨기에, 이탈리아 등에서 산출되고 있는 사례를 따라
우리나라에서도 간단히 건강물가지수를 산출할 수 있다. 기존의
소비자 물가지수에 대한 가중치를 기준으로 건강에 해로운 담배

주류 등을 제거한 물가지수를 산출할 수 있다. 2000년 기준의 가
중치를 활용하여 담배, 주류 및 외식 등을 제외한 소비자 물가지
수를 작성하여 전체를 포함한 소비자 물가지수(CPI)와 비교한다.
아래 표에 주어진 1982년부터 2004년 사이의 소비자 물가조사 10
대 분류 지수와 그 가중치 및 담배, 주류 및 외식 품목에 대한 지
수 및 그 가중치를 이용하여 건강물가지수를 작성할 수 있다.

〈표 6-6〉 한국의 소비자 물가지수 및 가중치

연도	총지수	식료품	주류	외식	주거비	광열수도	가구집기가사용품	피복신발	보건의료	교육	교양오락	교통통신	기타잡비	담배
1982	43.18	40.2	44.44	29.49	40.2	44.6	55.7	51.3	48.8	27.6	74.3	44.9	53.7	47.1
1983	44.66	40.7	44.83	31.34	45.6	44.9	57.8	52.9	50.9	29.5	76.2	45.8	56.0	49.8
1984	45.68	41.4	47.07	33.40	48.9	45.2	60.3	54.1	51.4	30.6	75.8	47.0	56.2	49.8
1985	46.80	42.9	48.21	35.21	50.8	46.5	61.7	53.1	51.3	31.8	73.1	48.2	56.5	49.8
1986	48.09	43.9	50.17	36.72	52.9	46.4	63.2	54.3	53.2	33.3	74.0	49.8	58.7	49.8
1987	49.55	45.3	51.01	38.38	54.6	46.8	65.4	56.2	55.1	35.0	75.4	50.7	60.2	50.3
1988	53.10	50.0	52.01	42.17	57.9	46.3	68.9	60.7	58.7	38.1	77.5	52.8	61.2	51.5
1989	56.12	53.4	56.14	48.69	61.9	45.8	73.2	68.7	60.3	41.3	78.8	52.4	61.5	52.4
1990	60.93	58.7	60.07	55.64	68.7	46.1	77.3	75.4	64.6	46.3	82.3	54.3	63.7	54.1
1991	66.62	66.0	63.07	66.67	76.7	49.7	82.1	79.3	68.9	50.8	85.7	58.6	67.5	55.0
1992	70.76	70.1	68.79	73.51	82.3	52.9	84.8	83.9	71.9	55.6	88.4	63.1	69.7	55.0
1993	74.16	72.7	74.74	77.59	87.1	55.0	87.5	86.8	73.9	61.1	91.1	67.3	72.5	56.1
1994	78.80	79.5	77.45	82.86	90.9	56.8	90.4	88.8	76.2	66.4	93.2	71.2	77.8	68.1
1995	82.33	82.2	80.02	87.40	94.9	59.0	92.4	90.3	81.0	75.0	94.1	74.7	79.6	68.7
1996	86.39	85.4	84.37	92.24	98.5	64.3	95.1	91.4	84.8	84.4	96.5	79.1	84.8	79.1
1997	90.22	88.7	87.80	95.42	101.7	71.5	96.5	93.0	87.8	90.4	97.9	84.8	89.0	87.2
1998	97.00	96.4	97.72	100.17	103.9	89.4	103.3	96.8	92.3	93.5	101.1	95.7	96.9	87.2
1999	97.79	99.1	98.35	99.22	100.2	87.6	102.0	98.5	93.4	95.3	100.1	97.2	98.5	100.0
2000	100.00	100.0	100.00	100.00	100.0	100.0	100.0	100.0	100.0	100.0	100.0	100.0	100.0	100.0
2001	104.10	103.5	98.40	101.70	103.9	111.1	102.4	103.1	112.3	104.4	99.7	102.0	105.5	112.4
2002	106.90	107.7	99.50	105.10	109.2	107.1	104.0	106.3	111.4	110.3	100.0	101.4	112.2	127.9
2003	110.70	112.4	104.20	109.00	113.2	113.1	106.7	110.1	114.1	116.8	100.0	102.7	114.9	129.3
2004	114.70	119.5	106.60	113.20	115.8	119.4	108.4	110.5	115.8	122.9	100.3	105.1	115.5	129.3
가중치	1000	271.2	11.5	100.3	156.4	58.0	37.1	56.5	43.9	114.6	53.6	159.3	49.4	10.1

자료: 통계청 KOSIS

예를 들어 담배만을 제외하는 경우, 담배에 대한 가중치가 10.1/1000이므로 담배 항목을 제외한 소비자 물가지수는 (1000×CPI -(담배물가지수×10.1))/(1000-10.1)로서 산출된다. 마찬가지로 담배와 주류 품목을 제거한 소비자 물가지수는 {1000×CPI-(담배물가지수×10.1)-(주류 물가지수×11.1)}/(1000-10.1-11.1)로서 산출할 수 있다.

〈표 6-7〉 소비자 물가지수와 건강 물가지수와의 비교

연도	총지수	담배제외	주류제외	외식제외	담배, 술 제외	담배, 술, 외식 제외
1982	43.83	43.80	43.83	45.43	43.79	45.43
1983	45.67	45.63	45.68	47.27	45.64	47.27
1984	46.88	46.85	46.88	48.38	46.85	48.38
1985	47.85	47.83	47.85	49.26	47.83	49.27
1986	49.23	49.23	49.22	50.63	49.22	50.65
1987	50.66	50.67	50.66	52.03	50.66	52.07
1988	53.82	53.84	53.84	55.12	53.86	55.20
1989	56.41	56.45	56.41	57.27	56.45	57.34
1990	60.82	60.89	60.82	61.39	60.89	61.50
1991	66.41	66.53	66.45	66.39	66.57	66.56
1992	70.60	70.76	70.62	70.27	70.78	70.47
1993	74.11	74.30	74.10	73.72	74.29	73.91
1994	78.58	78.69	78.59	78.10	78.70	78.22
1995	82.11	82.25	82.14	81.52	82.28	81.69
1996	86.35	86.42	86.37	85.69	86.44	85.78
1997	90.31	90.34	90.34	89.74	90.37	89.80
1998	97.10	97.20	97.09	96.76	97.19	96.85
1999	97.71	97.69	97.71	97.55	97.68	97.51
2000	100.00	100.00	100.00	100.00	100.00	100.00
2001	104.09	104.00	104.15	104.35	104.07	104.34
2002	106.95	106.74	107.04	107.16	106.82	107.02
2003	110.72	110.53	110.79	110.91	110.60	110.79
2004	114.70	114.55	114.80	114.87	114.65	114.81

일반적으로 소비자 물가지수는 물가가 상승할 경우 상향편차 (Over-estimating Bias)를 지니고 있다. 그 원인은 첫째로 소비자 물가지수를 산출하는 라스파이레스 산식(Laspeyres Formula)이 이론적으로 물가상승을 과대평가하는 특성을 지니고 있기 때문 이다. 둘째로 소비자 물가의 편차는 가격변화에 민감한 소비자 행동의 일반원칙인 상품대체로부터 야기된다. 즉 가격이 빠르게 변화하는 상품은 소비자 물가지수에 과장되어서 반영되는 경향 이 있고 가격이 서서히 변하는 상품은 소비자 물가지수에 너무 적게 반영되는 경향이 있다는 것이다. 셋째로 소비자 물가지수의 편차는 새로운 기술에 의한 상품의 질의 변화가 반영되기 어렵 다는 점으로부터 야기된다. 질의 향상으로 인한 가격상승도 여전 히 인플레이션으로 반영되어서 상향편차의 원인이 된다.

이와 같이 소비자 물가지수의 편차가 기존의 생계비 지수 방 식으로는 해소되기 어렵기 때문에 삶의 질을 반영하고 비흡연 가구에 대한 정책판단의 기준으로 담배와 같은 비재화(the Bads) 를 제외한 건강 소비자 물가지수를 작성하여 기존의 소비자물가 지수와 병행하여 정책 판단에 활용할 필요가 있다.

특히 한국의 경우 선진국들이 매년 또는 2년마다 변동시키는 경우와는 달리 소비자 물가지수의 가중치 기준을 5년마다 조정 하도록 고정되어 있어서 담배와 같이 단일 품목의 급속한 물가 상승은 그 상품의 가격상승으로 인한 수요 감소를 반영하지 못 한다. 즉 기준연도의 물량을 그대로 구입하는 것으로 가정하고서 소비자 물가지수가 작성되기 때문에 실제의 가계지출에서 차지하는 부담보다 가격상승의 효과가 과대평가되는 경향이 있다.

담배 품목을 소비자 물가지수에서 제외하는 방식은 1990년대 중반에 이미 호주, 프랑스, 이탈리아, 포르투갈 등의 나라에서 심각하게 제안된 바 있다(Alchin, 1995). 담배가격인상이 소비자 물가지수에 과다한 상향 편차를 야기해 국민 건강 및 경제정책에 불필요한 모순을 제기할 수 있기 때문이다. 즉 담배 소비를 줄여서 국민건강을 증대시키고 장기적인 경제성장의 촉진을 도모하려는 후생복지정책과 소비자 물가지수에만 의존하는 단기적인 물가억제정책과는 현저한 상충관계가 있는데, 이 상충효과를 중화시키는 한 방안으로 담배를 소비자 물가지수에서 제외시키는 방식이 제안되고 있는 것이다.

소비자 물가지수에서 단순히 담배, 주류 등 항목을 제외시키는 방식과는 달리 건강과 연관지어 다양한 담배 관련 지수들이 제안되고 있다. 2004년 북부 독일 지역의 표본으로 니코틴의존지수(Nicotine Dependence Index)와 흡연심화지수(Heaviness of Smoking Index)가 시도되어 두 지수 모두 흡연폐해를 판단하는 지표로 타당성이 확인되었다(John, U. & et. al., 2004). 폐암 사망률이 담배매연노출지수(Index of tobacco smoke exposures)로서 사용되고 있는 데 대한 실증적 타당성이 확인되었고(Leistikow, B., 2004) 주관적 금연지수(Wetter, D., & et. al. 1999), 선행건강지수(Maiese, D.R., 2002) 등이 흡연과 건강에 대한 관련지수로서 제안된 바 있다. 건강지수로서 비교가능하려면 각 나라의 인구 상황에 기반을 두어야 한다는 인구기반건강지수(Population-based health indexes)가 영국, 유럽 및 북미 각국을 대상의 건강 지수들이 비교 연구된 바 있다(Kaltenthaler, E. & et. al., 2004). 유럽연합에서는 유럽 각국의 흡연과 알코올 소비를 두 가지 결 정적인 건강결정요인으로 정의하고 흡연율과 알코올의 소비량과 함께 건강기대여명(Healthy Life Years Expectancy)을 산출하여 발표하고 있다(European Commission, 2005).

제4절 건강물가지수의 국내 적용방안

정부는 담배를 소비자물가 조사대상 품목에서 제외한 건강물 가지수를 개발하는 방안을 적극 검토 중에 있다. 그러나 성인남 성의 흡연율이 50%를 넘는 상황에서 담뱃값을 제외한 물가지수 가 서민들의 체감물가를 제대로 반영할 수 없다는 의견과 함께 건강물가지수의 산정이 담뱃값 인상에 의한 물가상승 부담을 덜 려는 의도로 비춰질 경우, 자칫 여론의 반발에 부딪힐 가능성도 높다. 따라서 새로운 물가지수 개발은 외국의 사례를 면밀히 검 토해야 하며 우리나라의 현실에 맞는지에 대해서도 신중한 내부 논의가 필요하다.

재정경제부의 발표에 의하면 담뱃값을 인상하면 소비자 물가 지수에 부담이 된다고 한다. 그러나 담배는 물가 통계를 낼 때는 잡히지만 흡연자와 비흡연자가 있는 만큼 체감정도는 다르며 담 뱃값을 인상하면 흡연율이 떨어지고, 흡연양이 줄어 실제 소비자

물가지수는 재경부가 발표한 것보다 적게 오를 것이다. 공공요금이 올라도 소비자물가지수는 올라간다. 담뱃값 인상도 공공요금과 마찬가지로 불가피한 선택이라고 할 수 있으며 세계은행이나 세계보건기구는 담뱃값을 소비자 물가지수 계산에서 빼는 것을 권고하고 있다.

담배가격을 인상하는 목적도 바로 서민과 청소년을 겨냥한 정책이다. 가격을 인상하면 서민은 금연하거나 아니면 흡연 양을 줄이는 것으로 반응하며 금연으로 인해 저축되는 돈은 본인이나 가족을 위해 더 좋은 일에 쓰일 수 있다. 가격인상은 서민에게 가계부담을 지우는 일이 아니라 오히려 가계지출의 한 부분인 담배구입비를 줄이고 흡연으로 인해 발생될 의료비 등 추가 지출을 미연에 방지 할 수 있는 정책이 될 수 있다. 또한 저소득층의 경제적 부담을 근거로 담배가격의 인상을 반대하는 것도 문제가 있다. 보건복지부도 이번 인상분 재원 중 7200여억 원을 저소득층 130만 명에게 조기 암 검진 비용으로 지원할 예정이며 담배부과금의 인상으로 발생한 새로운 재원도 일차적으로 흡연의 예방, 흡연자를 위한 금연교육, 금연하기를 원하는 사람을 위한 지원 그리고 흡연으로 인해 건강을 상실한 사람들과 간접흡연의 피해자들에 대한 보상 등으로 사용되어져야 한다.

선진국은 이미 1980년대 후반부터 물가 인상률을 크게 상회하는 수준으로 담배가격을 인상해 오고 있을 뿐만 아니라 아예 소비자물가지수에서 담배를 제외하는 국가도 늘고 있다. 이번 기회에 한국도 서구 선진국처럼 담배를 소비자물가지수에서 제외하고, 담배를 포함한 물가지수와 포함하지 않은 물가지수를 각각 산출해 활용해야만 한다. 이미 '농산물 및 석유류 제외지수' 등과 같은 용도별 물가지수도 존재하고 있다.

물가에는 그 이용목적에 따라 크게 4가지로 소비자물가, 근원물가, 생활물가 그리고 피부(체감)물가가 있다. 이 중 소비자물가, 근원물가, 생활물가는 정부의 물가지수 작성기관(통계청)이 조사, 발표하는 물가로서 '지수물가'라고 한다.

'소비자물가'는 사람들이 소비생활을 통해 구입하는 각종 상품과 서비스의 가격 변동을 종합적으로 파악하기 위하여 작성하는 지표로서 우리나라 경제 전체의 물가 수준을 파악하는 데 사용된다. 소비자물가는 상품이나 서비스 등 516개의 개별 품목들을 선정하여 그 가격변동을 조사하고 이를 평균하여 만들게 된다.

'생활물가'는 소비자들이 실제 느끼는 물가를 파악하기 위해 도입된 지표로서 일상생활에서 자주, 그리고 많이 구입하는 생활필수품 156개를 대상으로 작성된다. 소비자가 실제로 자주 구입해서 가격변동을 민감하게 느끼는 생활필수품, 예컨대 라면, 쌀, 배추, 두부 등의 품목들을 중심으로 생활물가지수를 작성하게 된다. 이 생활물가는 전체 소비자물가를 100%로 하였을 때 52.2%의 비중을 차지하고 있다.

물가의 큰 흐름을 살펴보기 위해 석유제품, 농산물 등 일시적인 충격에 의하여 가격변동이 심한 품목을 빼고 계산한 물가지수를 '근원물가'라고 한다. 가뭄, 태풍 등의 기상요인에 의해 가격변동이 심한 농산물이나 대외요인의 영향이 큰 석유류 등을 제외하고 가격

변동이 심하지 않은 상품을 중심으로 물가를 산출함으로써, 물가의 장기적인 추세를 살펴볼 수 있다. 근원물가는 전체 소비자 물가를 100%로 하였을 때 88.4%의 비중을 차지하고 있다. 이처럼 우리나라는 여러 물가지수를 산정하여 그에 맞게 사용하고 있다. 건강물가지수의 산정도 이와 맥락을 같이 한다. 정부의 각 부서는 각자의 후생복지 정책을 가지고 있으며 현재 우리 정부가 운영하는 사회보장제도는 크게 사회보험, 공공부조, 사회복지 서비스로 나뉜다.

사회보험은 사회 전 구성원을 대상으로 하는 복지제도다. 국민연금이나 건강보험, 고용보험, 산업재해보험이 여기에 속한다. 건강보험제도는 기본적으로 상호부조의 원칙을 바탕으로 빈부의 차이 없이 의료서비스 혜택을 받을 수 있도록 하여 국민의 건강 증진에 기여하고 사회연대성을 확보하는 데 그 목적이 있으며, 사회보험 방식으로 운영하고 있는 많은 선진국을 포함하여 우리나라의 경우에도 보험급여에 소요되는 주요 재원은 국민의 보험료 부담과 정부의 재정지원 등으로 충당하고 있다.

사회보험 대상이 일반 국민이라면 공공부조는 근로능력이 없어 스스로 살아가기 힘든 빈곤층을 대상으로 한다. 국가는 세금으로 이들의 의료, 주거, 교육 등을 책임지며 현재 우리 정부의 빈곤층 복지정책은 1999년 제정된 국민 기초생활보장법을 기반으로 하고 있다. 기초생활보장법의 목적은 모든 국민에게 최저생활을 보장하고, 자립과 자활의 길을 열어주는 것이다. 이 법에 따라 소득이 최저생계비를 밑도는 극빈층을 기초생활보장자로 분류해 생계를 전적으로 보살피며 병에 걸렸을 경우 의료급여를

통해 병원을 무료 혹은 저렴한 가격에 이용하도록 하고, 주거비
도 지원해준다. 또한 '기초생활보장 수급자'에 비해 소득이 조금
많지만 생계를 꾸려나가기 힘든 사람들을 최상위 계층으로 분류
해 의료비 등을 일부 지원해 준다.

사회복지 서비스는 노인, 장애인, 아동 등 국가가 '상대적 약자'
에 대해 사회적 도움을 주는 제도이며 노숙자 쉼터, 학대 여성
보호소 등을 예로 들 수 있다. 그런데 정부가 사회보험의 수가를
일반 물가지수에 의해 산정한다면 이번 담배가격의 인상에 따른
물가상승으로 사회보험의 수가가 증가해 정부의 부담이 늘어날
것이며 이는 결국 국민의 몫으로 돌아가게 된다. 따라서 건강에
해로운 담배를 제외한 건강물가지수를 가지고 사회보험수가를
산정하는 것이 필요하다. 각 정부부서는 다음 그림에서처럼 통계
청이 건강물가지수를 작성하여 발표할 수 있도록 지원하고 이
건강물가지수를 후생복리 정책에 반영할 수 있다.

〈그림 Ⅵ-2〉 건강물가지수 국내 적용 방안

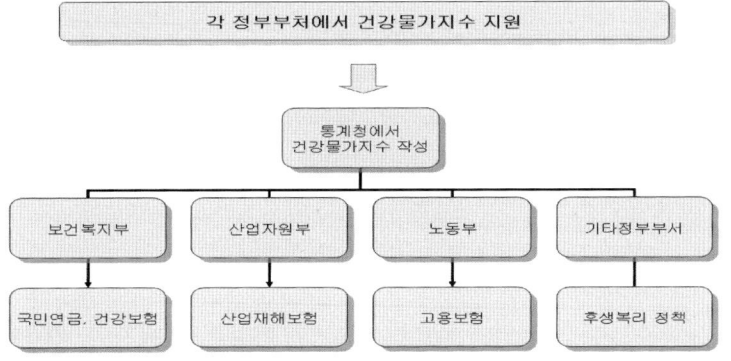

이때 저소득층의 혜택이 줄어드는 것이 아니냐는 의견이 나올 수 있다. 그러나 이는 잘못된 생각이다. 건강물가지수로 산정한 사회보험수가를 통한 이득을 저소득층을 위해 사용할 수 있다. 저소득층에 대해 건강물가지수의 의미를 올바르게 설명하고 담배의 해로움을 교육해야 하며 담뱃값 인상으로 얻어진 혜택을 투명하게 그들을 위해 사용한다는 것을 보여 주어야 한다. 건강물가지수의 적용도 국민의 건강을 위한 것이다. 국가복지 정책의 일환인 여러 보험수가만이라도 건강물가지수로 산정되어야만 하며 국가가 부담을 던 비용만큼 저소득층을 위해 사용할 수 있어야 한다.

최저생계비는 빈곤층이 최저생계를 꾸려가야 할 때 반드시 필요한 돈이다. 그러나 이 비용이 옳지 않은 곳에 쓰이고 이것이 그들의 건강을 해친다면 이는 훗날 엄청난 의료비 지출로 나타날 것이며 이런 국가의 정책은 잘못된 것이다. 이들에게 담뱃값이 올라간 만큼 비용을 더 지불해야 할 것이 아니라 그들에게 더 많은 의료혜택을 주는 것이 정부의 정책과도 부합된다. 건강물가지수를 사용하면 정부가 담배가격의 인상이나 국민건강에 해로운 재화의 가격을 올릴 때 올 수 있는 비용상의 충격을 완화할 수 있으며 건강에 해로운 재화의 가격은 건강물가지수에 반영되지 않아 빈곤층의 적정 지불비용을 책정할 수 있게 된다.

담뱃값 인상으로 인한 물가상승은 국가의 성장을 줄일 수 있다. 그러나 담뱃값 인상을 통한 세금을 저소득층을 위해 사용하면 사회복지는 발전하게 된다. 이제 사회성장과 복지의 가운데 우리는 선택을 해야만 한다. 정부는 물가상승으로 인한 성장은 잠시 포기하더라도 복지를 확충해야 하며 건강물가지수를 산정하여 복지정책을 추진해야 한다. 만약 일반 물가지수를 산정하여 복지정책을 추진한다면 이는 정부 재정에 큰 압력이 될 것이 자명하며 결국 국민의 세금으로 돌아올 것이다.

제7장 결과 요약 및 정책 제언

제1절 개인단위 흡연 행태 추적조사

흡연자를 대상으로 한 추적관찰 조사 결과, 성인 남성 흡연자의 흡연 중단 성공률(6개월의 추적관찰 기간 동안 금연 상태 유지)이 4.5%에 이르는 것으로 나타났으며, 이를 2004년 현재 54.5%인 성인 남성 흡연율에 미친 영향으로 환산할 경우, 2.4%의 흡연율 감소 효과가 발생한 것으로 추정된다. 현재 흡연자의 흡연 중단 성공률을 조사한 국내 선행 연구가 부재하기 때문에 2005년에 이루어진 흡연 중단 효과의 크기를 상대 비교할 수 있는 대상은 없는 상태이다. 그러나 1994년 이후부터 2004년까지 성인 남성 흡연율은 연평균 1.52%씩 감소한 데 반해, 2005년에는 전년도 대비 5.50% 감소한 것을 감안하면, 담배가격인상과 적극적인 금연사업이 추진된 올해의 흡연율 감소 효과가 예년에 비해 두드러진 것으로 추정된다(보건복지부, 2005). 보건복지부의 조사에서 확인된 흡연율 감소에 비해 본 조사의 흡연율 감소의 크기가 작은 이유는 보건복지부의 조사는 특정 시점에서의 흡연 여부를 단순 파악한 데 반해, 본 조사는 추적관찰 기간 중 지속적으로 흡연 중단 상태를 유지한 경우만을 흡연 중단 성공으로 정의했기 때문이다. 6개월 동안의 지속적인 흡연 중단 상태가 아니라 특정 시점에서의 흡연 중단 여부를 기준으로 할 경우에는 본 추적관찰 조사 결과와 보건복지부의 단면조사 결과는 비교적 일치하는 것으로 나타났다.

흡연 중단 성공자의 75.5%가 '이번 담배가격인상이 흡연 중단의 계기가 되었다'고 응답한 것으로 나타나 담배가격인상이 흡연 중단에 미친 영향이 큰 것으로 추정된다. 작년 말의 담배가격인 상과 함께 올해 들어 범정부 차원의 금연사업이 적극적으로 추진되었다. 이처럼 복합적으로 이루어진 금연정책의 개별 효과를 분리해서 산출하기는 쉽지 않다. 특히, 담배가격인상이 흡연 중단에 미친 영향을 가격탄력도의 형태로 산출하기 위해서는 시계열적 추적관찰 자료가 필요하다. 가격인상에 따른 흡연량의 변화를 종속변수로 하여 가격탄력도를 산출한 결과 담배가격을 10% 인상할 때 흡연량은 약 7% 감소하는 것으로 나타났다.

담배가격인상이 흡연자의 흡연 행태에 충분한 영향을 미치기 위해서는 소비자 가격 기준으로 최소한 20% 이상 인상되어야 한다고 알려져 있다(Scollo and Sweanor, 2000). 최근에 이루어진 국내 담배가격의 인상률이 20%를 상회하지만 비교적 낮은 흡연율 감소효과를 나타내고 있다. 그 이유는 최근의 가격인상에도 불구하고 국내 담배가격이 흡연 중단을 촉진하는 경제적 장벽으로 작용하기에는 절대적으로 낮은 수준을 유지하고 있기 때문인 것으로 판단된다. 2005년 6월 기준으로 유럽연합과 OECD 국가 그리고 동아시아 국가 38개국의 담배가격을 구매력 지수 기준 일인당 국민소득(GNI per capita, Purchasing Power Parity)으로 상대 비교한 결과, 우리나라보다 담배가격이 낮은 국가는 스페인, 일본, 룩셈부르크, 필리핀 등 4개국에 불과한 상황이다(Economist Intelligence Unit, 2005).

1990년대 후반 이후, 정부와 사회의 적극적으로 금연사업으로 인해 전체 흡연율은 지속적으로 하락하고 있다. 그러나 이 같은 전체적인 추세에도 불구하고, 저소득층 흡연 문제의 개선효과는 미진할 뿐 아니라 사회경제적 수준에 따른 격차가 오히려 증가하고 있는 추세이다. 즉 그동안에 이루어진 금연구역 확대, 금연교육, 홍보, 금연상담·치료서비스 등의 비경제적 금연정책이 일반 국민에게는 효과적으로 작용하였지만, 저소득층의 흡연 감소를 유도하는 데에는 제한적인 효과만을 나타낸 것으로 추정된다. 이런 측면에서 볼 때, 최근 이루어진 담배가격인상은 그동안 금연정책 측면에서 취약계층이었던 저소득층, 학생, 젊은 연령층의 흡연 감소에 매우 효과적인 금연정책으로 평가된다.

요약하면, 기존의 비경제적 금연정책과는 달리 최근에 이루어진 담배가격인상에 취약계층이 비교적 민감하게 반응한 것으로 평가된다. 그러나 저소득층이 가장 높은 금연 시도율을 기록하고 있음에도 불구하고, 금연 성공률은 다른 소득계층과 비슷한 수준인 것으로 나타났다. 이는 담배가격인상이 저소득층으로 하여금 금연을 시도하도록 만드는 강력한 '계기'로는 작용했지만, 이들의 금연 상태를 지속시키기 위해서는 담배가격인상과 병행된 추가적 금연지원사업이 필요하다는 사실을 의미한다.

제2절 담배 수요의 가격탄력성

개인단위로 추적 관찰한 자료를 활용하여 가격인상 후 1개월, 3개월 및 6개월 기간 동안의 단기적인 담배수요의 가격탄력성을 추정한 결과가 기간별로 각각 -0.6853, -0.6230 및 -0.5482이다. 이는 2004년 12월 30일의 500원 가격인상의 흡연량 감소 효과가 6개월 동안 꾸준히 지속되고 있었음을 의미한다.

1985년에서 2004년 기간 동안의 도시흡연가구들의 가계지출 원시자료를 활용한 담배수요의 가격탄력성은 -0.3915로 추정되었다. 이 결과는 가계지출의 다른 부문들을 감안한 수요체계적 분석결과이다. 즉 담배가격인상이 음식물, 보건의료, 피복 등 기타 지출에 미치는 효과를 감안하였을 때 담배가격의 인상이 흡연수요에 미치는 효과를 종합적으로 나타내는 지표이다. 따라서 우리나라의 담배수요는 선진국들과 마찬가지로 가격변화에 단기 및 장기에 있어서 모두 현저한 부(-)의 반응을 나타내는 것으로 파악되었다.

제3절 금연정책의 경제적 편익 추정

최근의 금연정책과 이에 따른 기존 흡연자의 흡연 중단으로 인해 신규 질병 발생과 조기사망 예방의 규모는 20년 누적 기준으로 각각 18,360명과 6,774명인 것으로 나타났다. 이를 연평균으로 환산할 경우, 연간 918명의 신규 질병 발생과 339명의 조기사망을 예방하는 효과가 있다. 본 연구에서 산출한 신규 질병 발생과 조기사망 예방의 규모는 과소 추정되었을 가능성이 있다. 35세 이상 65세 미만의 성인 남성만을 대상으로 했기 때문에 그 외 연령대

의 남성 흡연자와 여성 흡연자의 흡연 중단으로 인한 질병 발생
과 조기사망 감소는 포함되지 않았다. 그리고 흡연 중단 이후의
질병 발생 상대위험도 감소에 대한 선행 연구 결과가 축적된 7개
질병만을 분석 대상으로 했고, 담배가격인상을 포함한 금연사업으
로 인한 흡연 예방 효과를 포함하지 않았다. 향후, 흡연 중단 이후
의 질병 발생 감소와 흡연 시작 예방 효과를 계량화한 연구 결과
가 추가적으로 축적된다면, 흡연 중단으로 인한 질병 발생과 조기
사망 감소 효과는 더욱 늘어날 것으로 예상된다.

질병 발생 감소로 인한 비용 절감을 20년 누적 기준으로 살펴
보면, 직접 의료비가 1500억 원, 직접 비의료비가 572억 원, 이환
으로 인한 생산성 손실이 973억 원, 조기사망으로 인한 생산성 손
실이 1조 6천 15억 원으로 전체 비용 절감 규모는 1조 9천 59억
원에 이르는 것으로 나타났다. 이를 연평균으로 환산할 경우, 직
접 의료비는 연간 75억 원, 직접 비의료비는 29억 원, 이환으로 인
한 생산성 손실은 49억 원, 조기사망 예방으로 인한 생산성 손실
은 801억 원으로 연간 953억 원의 비용 절감 효과가 발생하는 것
으로 나타났다.

본 연구에서는 65세까지 임금소득이 발생하는 경제활동이 이루
어지는 것으로 가정하였기 때문에 조기사망 예방으로 인한 생산
성 손실 절감이 과소 추정되었을 가능성이 있다. 또한 뇌졸중과
급성심근경색은 신규 발생 이후 3년, 암은 신규 발생 이후 5년 동
안의 직접 의료비와 직접 비의료비, 이환으로 인한 생산성 손실
비용만을 포함하였으며, 해당 질환이 재발하는 경우도 포함하지

않았다. 흡연으로 인한 경제적 손실 규모를 추정한 김한중 등(2001)의 연구에서는 직접 의료비 : 직접 비의료비 : 이환으로 인한 생산성 손실 : 조기사망으로 인한 생산성 손실의 비율이 1.00 : 0.14 : 0.30 : 14.74인 데 반해, 흡연 중단의 경제적 편익을 분석한 본 연구에서는 그 비율이 1.00 : 0.38 : 0.65 : 10.68인 것으로 나타나 직접 의료비 대비 비중이 직접 비의료비와 이환으로 인한 생산성 손실 부문은 본 연구의 비중이 더 크고, 조기사망으로 인한 생산성 손실 부문은 본 연구의 비중이 더 작은 것으로 나타났다. 본 연구의 생산성 손실 부문의 비중이 상대적으로 낮은 이유는 김한중 등(2001)의 연구에서는 65세 이후 연령대의 경제활동을 인정하여, 60-64세 연령대 연평균 임금의 50%를 적용한 데 반해, 본 연구에서는 65세 이후의 경제활동으로 인한 생산성 손실을 포함하지 않았기 때문이다.

결과적으로 담배가격인상을 포함한 최근의 금연정책은 흡연 관련 질병 발생과 이로 인한 조기사망을 큰 폭으로 줄이는 보건학적 편익과 의료비와 생산성 손실 절감이라는 경제적 편익을 발생시킨 것으로 파악되었다. 즉 최근의 금연정책은 보건학적 측면과 경제적 측면에서 모두 긍정적인 효과를 창출한 것으로 나타났다. 그러나 최근의 금연정책과 흡연 감소 경향에도 불구하고, 우리나라의 성인 남성의 흡연율은 여전히 국제적으로 매우 높은 수준이고, 여성과 젊은 연령대의 경우에는 흡연율이 증가할 가능성이 큰 상황이다. 또한 우리나라의 경우에는 흡연 관련 피해가 아직 본격화되지 않았으며, 과거의 높은 흡연력으로 인해 향후 20여 년간 흡연 관련 피해가 계속 증가할 것으로 전망된다. 따라서 적극적이고 체계적인 금연정책의 필요성은 앞으로 더욱 증대될 것이다.

제4절 담배 소비자 물가지수 정책

담배를 소비자 물가지수에서 제외시킨 건강 물가지수를 작성하고 있는 나라는 프랑스와 이탈리아 등이고 벨기에는 담배, 주류, 가솔린, 디젤유 등을 제외시키고서 건강물가지수를 작성하고 있다.

대부분의 나라에서는 생계비 이론에 근거하여 가계지출의 비중을 가중치로 삼아 소비자 물가지수를 작성하고 있다. 우리나라의 소비자 물가지수에서 담배가 차지하는 비중은 1980년 초 20/1000 전후로 높은 수준에서 1980년대 후반에 들어 8.9/1000 수준으로 하락하였으며 1990년대 후반에는 7.8/1000까지 하락하였다. 2001년 이후의 소비자 물가지수 작성에 있어서 담배가중치는 10.1/1000을 유지하고 있다.

미국을 제외한 서구 선진국들의 담배가중치는 우리나라보다 거의 두 배 이상으로 높게 나타나고 있다. 소비자 물가지수에서 담배가중치는 아일랜드가 54.7/1000로 가장 높고 다음으로 그리스가 43.2/1000이다. 미국의 경우 담배가중치는 최근에 점차 낮아지고 있다.

프랑스는 도시 전 가구 소비자 물가지수의 작성에서 담배를 별도의 품목으로 작성하면서 음식물에 포함시킨 경우와 제외시킨 경우, 또 전체 지수에서 담배를 포함/제외시킨 지수를 함께 작성 공표하고 있다. 벨기에는 전체 소비자 물가지수에서 건강에 해로운 담배, 알코올, 가솔린, 디젤유, 맥주 등 품목을 제외한 건강물가지수를 함께 작성 사용하고 있다. 이탈리아는 담배를 제외하고서 물가지수를 작성하여 근로자들을 위한 임금과 임대료 등의 정책판단의 자료로 활용하고 있다.

우리나라는 현재까지는 건강물가지수를 별도로 작성하지 않고 있다. 그러나 기존의 소비지출 항목에 대한 물가지수와 가중치를 사용하여 다양한 건강물가지수를 산출할 수 있다. 담배, 주류, 외식 등을 제외시킨 물가지수의 산출을 시도하였다. 담배 품목만을 제외시킨 경우 2000년 이후 담배 포함 소비자 물가지수보다 약간 낮게 산출되어 담배에 관한 한 가격을 인상할 경우 수반되는 소비자 물가지수의 상향 편차를 반영하고 있는 것을 알 수 있다.

제5절 정책적 제언

이상의 연구 결과에서 암시되는 정책적 방안은 크게 세 방향으로 정리된다. 흡연율 감소를 위하여서는 지속적이고 대폭적인 가격인상이 추가적으로 추진되어야 한다는 점이 가장 우선적인 정책 방향이다. 정부에서는 2010년의 국민건강 증진목표와 접근

전략(보건복지부, 2000)에서 성인 흡연율을 남자 40%, 여자 5%, 전체 23%까지 감소시키는 것으로 설정하였다. 이를 위하여 비록 제반 경제여건과 여론에 밀려서 2005년에 추가인상이 미루어진 담배가격인상을 2006년 중에는 반드시 추진하여야 한다.

흡연감소를 위하여 가장 낮은 비용으로 포괄적인 효과를 나타내는 가격인상과 더불어, 흡연 중단 및 감소의 보건학적 편익을 대대적으로 강조하는 한편, 초·중등교육 과정에서 흡연의 폐해에 대한 꾸준한 홍보 정책이 두 번째 정책방향이다. 실제로 2004년 12월 30일 500원의 담배가격인상 효과가 6개월 이상 지속되고 있었던 것도 분명히 분리되어서 측정되기 어렵지만 과거의 지속적인 비경제적 홍보 교육정책의 효과가 포함된 것은 분명하기 때문이다. 정책 담당 부서인 보건복지부를 주축으로 흡연감소를 통한 경제적 및 비경제적 즉 가격 및 비가격정책이 보다 강력하게 추진되어야 불과 4년 후인 2010년의 국민건강증진 목표가 달성 가능해질 것이다.

단일 품목으로서 소비자 물가지수에서 차지하는 비중이 매우 크기 때문에 서구 선진국에서는 담배를 제외한 건강물가지수를 산출하여 기존의 소비자 물가지수와 병행하여 후생복지정책에 활용하고 있다. 실제로 담배 주류 등 건강에 절대적으로 해로운 품목의 가격인상이 일반 소비자 물가에 과대평가되는 효과를 조절하기 위하여 우리나라에서도 건강물가지수에 대한 긍정적이고 실질적인 인식이 필요하다. 특히 5년마다 고정되어 있는 물가지수의 가중치를 적어도 매 2년 정도에는 조정한다면 담뱃값 등

비재화에 대한 가격인상이 소비자 물가지수 전체에 과대평가되는 효과를 억제하게 될 것이다. 이를 위하여 경제정책부처(재정경제부, 산업자원부 등), 후생복지 정책부처(보건복지부, 노동부 등), 물가조사 작성 평가 분석 부처들(통계청, 한국은행 등) 사이에 종합적이고 체계적인 국민건강증진정책의 수립과 추진이 필요하다.

참고문헌

국립암센터, 국내 남성 10대암의 발생률과 생존율, 국립암센터 내부자료, 2005.

국민건강보험공단, 주요 상병별 의료비 구성 내역, 국민건강보험공단 내부자료, 2005.

김석연, 한주용, 김용진, 성지동, 채인호, 김효수, "급성심근경색증 환자의 장기 생존율 및 예후인자," 순환기, 29(1), 14-21, 1999.

김성준, "한국의 보건정책의 딜레마와 그 해결방안 - 담배소비억제 정책에 대한 오해와 그 이해를 위한 담배수요의 계량적 추정," 한국행정학회 추계학술발표대회 논문집, 2001.

김용익 이규식 황성현 강광하, 담배가격인상과 재원활용방안, 보건복지부, 2003.

김용익 이진석, "담배가격과 건강증진," 국립암센터 금연심포지엄 발표자료, 2003.

김원년 이충열, 담배가격설정이 국민건강에 미치는 효과에 관한 연구, 고려대학교 보건복지부, 2002.

김원년, "도시가구의 인구학적 특성별 담배수요의 가격탄력성 추정에 관한 연구," 한국인구학 27(1) 81-90 2004

김원년, 담배가격인상과 흡연수요분석, 한국학술정보, 2005

김원년 이진석 금연정책의 분석에 관한 연구 고려대학교 건강증
진기금사업단 2005

김원년 서정하 이진석 흡연율 감소에 따른 경제적 단기편익분석
고려대학교 건강증진기금사업단 2006

김태현, 문옥륜, 김병익, "흡연으로 인한 생산성 손실 추정," 보건
행정학회지 10(3), 169-187, 2000.

김한중, 박태규, 지선하, 강혜영, 남정모, "흡연의 사회경제적 비
용 분석," 예방의학회지, 34(3), 183-190, 2001.

박은철, 최귀선, 강임옥, 임진화, 이지영, 성나영, 김성경, 김희, 김
윤미, 오은경, 암 검진의 효과 평가 및 암 비용 연구, 국립
암센터, 2004.

보건복지부, 2005년도 국가 흡연예방 및 금연사업 안내 2005

보건복지부, 국민건강증진종합계획. 2002

보건복지부, "담배가격인상 6개월 후 흡연율 변화" 보도자료,
2005.7.4.

보건복지부, "담배가격인상 효과," 보도자료, 2005.4.11.

보건복지부, 2010년 국민건강증진 목표설정과 전략개발, 2000.

윤두상, 배희준, 김병건, 구자성, 권오현, 박종무, 이수주, "병원기반
코호트에서 급성 ♠허혈성 뇌졸중 및 일과성 뇌허혈 환자의
치명률 및 합병증이 장기 예후에 미치는 영향," 대한신경과
학회지, 22(5), 433-439, 2004.

이건세, 배희준, 김형수, "뇌졸중 환자의 의료 자원 이용과 비용 지출: 환자의 관점에서." 대한신경과학회지, 22(6), 583-589, 2004.

이상규, 남정모, 이상욱, 오희철, "흡연과 음주가 남성 암 사망에 미치는 영향: 강화 코호트 연구." 예방의학회지, 35(2), 123-128, 2002.

정우진, 담배규제를 위한 가격정책효과에 관한 조사연구, 연세대학교 건강증진사업지원단 2006.

지선하, "한국인 흡연율 통계가 주는 의미." 건강길라잡이, 2003.

지선하, "한국의 흡연과 암 발생 역학 및 Social burden." 대한암예방학회 Smoking 국제 심포지엄, 2005.

통계청 연도별 담배소비자물가지수(www.nso.go.kr)

Baker, Dean, *Getting Prices Right*, Economic Policy Institute 1998

Brennan P, Bogillot O, Cordier S, Greiser E, Schill W, Vineis P, Lopez-Abente G, Tzonou A, Chang-Claude J, Bolm- Audorff U, Jockel KH, Donato F, Serra C, Wahrendorf J, Hours M, T'Mannetje A, Kogevinas M, Boffetta P., "Cigarette smoking and bladder cancer in men: a pooled analysis of 11 case-control studies," *Int. J. Cancer* 86(2), 289-294, 2000.

Brown A. B.,"The effect of cigarette price on cigarette consumption: A partial summary of research findings," 1998.

Campaign for Tobacco-Free Kids, *Raising state cigarette taxes always increases state revenues and always reduces smoking*, 2005.

Castellsagué X, Muñoz N, De Stefani E, Victora CG, Castelletto R, Rolón PA, Quintana M. J., "Independent and joint effects of tobacco smoking and alcohol drinking on the risk of esophageal cancer in men and women," *Int. J. Cancer*, 82(5), 657-664, 1999.

CDC, *Reducing Tobacco Use: A Report of the Surgeon General*, DHHS, 2000.

CDC, "Cigarette smoking before and after an excise tax increase and an antismoking campaign – Massachusetts, 1990-1996," MMWR, 45(44), 966-970, 1996.

CDC, "Trends in cigarette smoking among high school students- United States, 1991-2001," *MMWR*, 51(19), 409-412, 2002.

Chaloupka FJ & et al., "Tax, price and cigarette smoking: evidence from the tobacco documents and implications for tobacco company marketing strategies," *Tobacco Control*, 11(suppl. 1), 62-72. 2002.

Chaloupka F. J., Hu T. W., Warner K. E., Jacobs R., Yurekli A., *The taxation of tobacco products. Tobacco control in developing countries*, World Bank, 2000.

Chaloupka FJ, Grossman M. *Price, tobacco control policies and youth smoking*, Working paper no. 5740, Cambridge (MA): National Bureau of Economic Research, 1996.

Chao A, Thun MJ, Jacobs EJ, Henley SJ, Rodriguez C, Calle EE., "Cigarette smoking and colorectal cancer mortality in the Cancer Prevention Study II," *Journal of the National Cancer Institute*, 92(23), 1888-1896, 2000.

Coughlin SS, Calle EE, Patel AV, Thun MJ., "Predictors of pancreatic cancer mortality among a large cohort of United States adults," *Cancer Causes and Control* 11(10), 915-923, 2000.

Crawford, I. and I. Image, "The Retail Price Index and the Cost-of-Living Index: Testing for Consistency in Theory and Practice," *Fiscal Studies*, 25(1), 79-91, 2004.

Deaton, A., and U. Muellbauer, "An Almost Ideal Demand System," *American Economic Review*, 70, 312-326, 1980.

Doll R, Hill A. B., "Mortality in relation to smoking: Ten years' observations of British doctors," *BMJ*, 1(30), 1399-1410, 1964.

Edgerton, D. L., B. Assarsson, A.Hummelmose, I. P., Laurila, K. Rickertsen, and P.H. Vale, *The Econometrics of Demand Systems*, Kluwer Academic Publishers 1996.

Emery, S. & et. al., "Simulated effect of tobacco tax variation on Latino health in California," *Am. J. Prev. Med.*, 21(4), 2001.

Engeland A, Andersen A, Haldorsen T, Tretli S., "Smoking habits and risk of cancers other than lung cancer: 28 years' follow-up of 26,000 Norwegian men and women," *Cancer Causes and Control* 7(5), 497-506, 1996.

European Commission *Excise Duty Tables* EU 1999, 2000, 2001, 2002.

European Commission *Health in Europe*, European Communities 2005.

Fichtenberg CM, Glantz SA., "Association of the California Tobacco Control Program with declines in cigarette consumption and mortality from heart disease," *NEJM*, 343(24), 1772-1777, 2000.

Gajalakshmi C. K., Jha P, Ranson K, Nguyen S., *Global patterns of smoking and smoking attributable mortality. Tobacco control in developing countries*, World Bank, 2000.

Gospodinov, N. and I. Irvine, "A 'logn march' perspective on tobacco use in Canada," *Canadian Journal of Economics*, 38(2), 366-393 2005

Haenszel W, Loveland D. B., Sirken M. G., "Lung-cancer mortality as related to residence and smoking histories," *Journal of the National Cancer Institute*, 28, 947-1001, 1962.

Hammond E. C, Garfinkel L. Coronary heart disease, stroke, and aortic aneurysm: Factors in etiology. Archives of Environmental Health 1969:19:167-82

Hartge P, Silverman D, Hoover R, Schairer C, Altman R, Austin D, Cantor K, Child M, Key C, Marrett LD, et al. Changing cigarette habits and bladder cancer risk: a case-control study. J Natl Cancer Inst, 1987:78(6):1119-25

Heiser F, Begay M. E., "The campaign to raise the tobacco tax in Massachusetts," American Journal of Public Health, 87(6) 68-73 1997

Hu TW, Mao Z. Effects of cigarette tax on cigarette consumption and the Chinese economy. Tobacco Control, 2002:11(2):105-8

Hu T.W., Sung H.Y., Keeler T.E., "Reducing cigarette consumption in California: Tobacco taxes vs an anti-smoking media campaign," *American Journal of Public Health*, 85(9), 1218-1222, 1995.

Hyland A., Li Q., Bauer J.E., Giovino G. A., Steger C., Cummings K.M., "Predictors of cessation in a cohort of current and former smokers followed over 13 years," *Nicotine Tob. Res.* 6(suppl3), s363-369, 2004.

Hymowitz N, Cummings K. M., Hyland A., Lynn W. R., Pechacek T. F., Hartwell T. D., "Predictors of smoking cessation in a cohort of adult smokers followed for five years," *Tobacco Control* 6(suppl2), s57-62, 1997.

International Tobacco Initiative, *The economics of tobacco control in South Africa* The Economics of Tobacco Control Project, 1998.

Iso H., Date C., Yamamoto A., Toyoshima H., Watanabe Y., Kikuchi S., Koizumi A., Wada Y., Kondo T., Inaba Y., Tamakoshi A., "Smoking cessation and mortality from cardiovascular disease among Japanese men and women," *American Journal of Epidemiology*, 161, 170-179, 2005.

Janzon E., Engstrom G., Lindstrom M., Berglund G., Hedblad B., Janzon L., "Who are the "quitter"? a cross-sectional study of circumstances associated with women giving up smoking," *Scand. J. Public Health*, 33(3), 175-82, 2005.

Jarvis M., Wardle J., "Social patterning of individual health behaviors: The case of cigarette smoking," In Marmot M, Wilkinson RG, eds. *Social Determinants of Health*, Oxford University Press, 1999.

Jee S. H., Samet J. M., Ohrr H., Kim J. H., Kim I. S., "Smoking and cancer risk in Korean men and women," *Cancer Causes and Control*, 15(4), 341-348, 2004.

John, U., C. Meyer, A. Schumann, U. Hapke, H.-J. Rumpf, C. Adam, D. Alte, J. Ludemann, "A short form of the Fagerstrom Test for Nicotime Dependence and the Heaviness of Smoking Index," *Addictive Behaviors*, 29, 1207-1212, 2004.

Kabat G. C., & et. al., "Tobacco, alcohol intake, and diet in relation to adenocarcinoma of the esophagus and gastric cardia," *Cancer Causes and Control* 4(2), 123-132, 1993.

Kang H. Y., Kim H. J., Park T. K., Jee S. H., Nam C. M, Park H. W., "Economic burden of smoking in Korea," *Tobacco Control*, 12, 37-44, 2003.

Kaltenthaler, Eva., Ravi Maheswaran and Catherine Beverley, "Population-based health indexes: a systematic review," *Health Policy*, 68, 245-255, 2004.

Kawachi I., Colditz G. A., Stampfer M. J., "Smoking cessation in relation to total mortality rates in women. A prospective cohort study," *Ann. Intern. Med.* 119, 992-1000, 1993.

Kim, J., & et. al., "The effects of patient cost sharing on ambulatory utilization in South Korea," *Heallth Policy*, 2004.

Lancaster T., Stead L. F., "Self-help interventions for smoking cessation," *The Cochrane Database of Systematic Reviews*, 4,

2004.

Lance, P. M., & et. al., "Is cigarette smoking in poorer nations highly sensitive to price? Evidence from Russia and China," *Journal of Health Economics*, 23, 173-189, 2004.

Lantz P. M., & et al., "Investing in youth tobacco control: a review of smoking prevention and control strategies," *Tobacco Control*, 9, 47-63, 2000.

Law M., Tang Ji. L., "The analysis of the effectiveness of interventions intended to help people stop smoking," Archives of Internal Medicine, 155(18), 1933-1941, 1995.

Leistikow, Bruce, "Lung cancer rates as an index of tobacco smoke exposures: validation against black male – non-lung cancer death rates, 1969-2000," *Preventive Medicine*, 38, 511-515, 2004.

Lewit E. M., Coate D., Grossman M., "The effects of government regulation on teenage smoking," *Journal of Law and Economics*, 24(3), 54-69, 1981.

Lewit E. M., Coate D., "The potential for using exercise taxes to reduce smoking" *Journal of Health Economics*,1(2), 121-45, 1982.

Lightwood J. M., Glantz S. A., "Short-term economic and health benefits of smoking cessation: Myocardial infarction and stroke," *Circulation* 96, 1089-96, 1997.

Lin Y., Tamakoshi A., Kawamura T., Inaba Y., Kikuchi S., Motohashi Y., Kurosawa M., "A prospective cohort study of cigarette smoking and pancreatic cancer in Japan," *Cancer Causes and Control*, 13, 249-254, 2002.

Liu B. Q., Peto R., Chen Z. M., Boreham J., Wu Y. P., Li J. Y., Campbell T. C., Chen J. S., "Emerging tobacco hazards in China: 1. Retrospective proportional mortality study of one million deaths," *BMJ*, 317, 1411-1422, 1998.

Maiese, Deborah R., "Healthy People 2010-Leading Health Indicators for Women," *Womens's Health Issues*, 12(4), July/August, 155-164, 2002.

Mannami T., Iso H., Baba S., Sasaki S., Okada K., Konishi M., Tsugane S., "Japan Public Health Center-Based Prospective Study on Cancer and Cardiovascular Disease Group. Cigarette smoking and risk of stroke and its subtypes among middle-aged Japanese men and women: the JPHC Study Cohort I," *Stroke*, 35(6), 1248-53, 2004.

Maxxocchi, Mario, "Time patterns in UK demand for alcohol and tobacco: an application of the EM algorithm," *Computational Statistics & Data Analysis*, 2005.

McLaughlin J. K., Hrubec Z., Blot W. J., Fraumeni J. F. Jr.,

"Smoking and cancer mortality among U.S. veterans: a 26-year follow-up," *Int. J. Cancer* 60(2), 190-193, 1995.

Meyerhoefer, C. D., C. K. Ranney, and D. E. Sahn, "Consistent Estimation of Censored Demand System Using Panel Data," *Amer. J. Agr. Econ.* 87(3), 660-672, 2005.

Mocan, H. N., & et. al., "The Demand for Medical Care in Urban China," *World Development,* 32(2), 289-304j, 2004.

Mulder I., Hoogenveen R. T., van Genugten M. L. L, Lankisch P. G., Lowenfels A. B., de Hollander A. E., Bueno-de-Mesquita H. B., "Smoking cessation would substantially reduce the future incidence of pancreatic cancer in the European Union," *Eur. J. Gastroenterol Hepatol,* 14, 1343-1353, 2002.

Murphy, J. M. & et. al., "Impact of economic policies on reducing tobacco use among Medicaid clients in New York," *Preventive Medicine,* 37, 68-70, 2003.

Naidoo B., Steven W., McPherson K., "Modelling the short term consequences of smoking cessation in England on the hospitalization rates for acute myocardial infarction and stroke," *Tobacco Control* 9, 397-400, 2000.

Ohsfeldt R., Boyle R. G., Capilouto E. L., "Tobacco taxes, smoking restrictions, and tobacco use," *The Economic Analysis of*

Substance use and Abuse: An Integration of Econometric and Behavioral Economic Research(Chaloupka F. J., Grossman M., Bickel W. K., Saffer H., editors), Chicago: University of Chigago Press. 15-29, 1999.

Osler M., Prescott E., "Psychosocial, behavioural, and health determinants of successful smoking cessation: a longitudinal study of Danish adults," *Tobacco Control* 7, 262-267, 1998.

Pederson L., "Prevalence of selected cigarette smoking behaviors by occupation in the United States," *Organized Labor, Public Health, and Tobacco Control Policy*, 2000.

Peto R., "Smoking and death: the past 40 years and the next 40," *BMJ*, 309, 937-939, 1994.

Prochaska J.J., Delucchi K., Hall S. M., "A meta-analysis of smoking cessation interventions with individuals in substance abuse treatment or recovery," *Journal of Consulting and Clinical Psychology*, 72(6), 1144-1156, 2004

Rabius V., McAlister A. L., Geiger A., Huang P., Todd R., "Telephone counseling increases cessation rates among youbg adult smokers," *Health Psychology*, 23(5), 539-541, 2004.

Rosenberg L., Kaufman D. W., Helmrich S. P., Shapiro S., "The risk of myocardial infarction after quitting smoking in men under 55 years of age," *NEJM*, 313, 1511-1514, 1985.

Ross R. K., Bernstein L., Paganini-Hill A., Henderson B. E., "Effects of cigarette smoking on 'hormone-related' diseases in a Southern California retirement community." *Smoking and Hormone-related Disorders*(Wald N, Baron J, editors), Oxford University Press, 32-54, 1990.

Scollo M, Sweanor D., "Tobacco taxation," *BMJ*, 9(2), 228-36, 2000.

Severson R. K., Nomura A. M. Y., Grove J. S., Stemmermann G. N., "A prospective study of demographics, diet, and prostate cancer among men of Japanese ancestry in Hawaii," *Cancer Research*, 49(7), 1857-1860, 1997.

Siahpush M., "Socioeconomic status and tobacco expenditure among Australian households: Results from the 1998-99 Household Expenditure Survey," *J. Epidemiology Community Health* 57, 798-801, 2003.

Silagy C., & et al., "Nicotine replacement therapy for smoking cessation," *The Cochrane Database of Systematic Reviews*, 4, 2004.

Silagy C., Lancaster T., Stead L., Mante D., Fowler G., "Nicotine replacement therapy for smoking cessation," *The Cochrane Database of Systematic Reviews*, 4, 2004.

Stellman S. D., Takezaki T., Wang L., Chen Y., Citron M. L., Djordjevic M. V., Harlap S., Muscat J. E., Neugut A. I.,

Wynder E. L., Ogawa H., Tajima K. I., Aoki K., "Smoking and Lung Cancer Risk in American and Japanese Men: An International Case-Control Study," *Cancer Epidemiology, Biomarkers & Prevention* 10, 1193-1199, 2001.

Tauras J. A., Chaloupka F. J., *Determinants of smoking cessation: an analysis of young adult men and women*, National Bureau of Economic Research, Working paper no. 7262, Cambridge (MA), 1999.

Townsend J. L., Roderick P., Cooper J., "Cigarette smoking by socioeconomic group, sex, and age: Effects of price, income, and health publicity," *BMJ*, 309, 923-927, 1994.

Triplett, Jack E., "Should the Cost-of-Living Index Provide the Conceptual Framework for a Consmer Price Index?" *The Measurement of Inflation International Confrernce*, 1999.

Tverdal A., Thelle D., Stensvold I., Leren P., Bjartveit K., "Mortality in relation to smoking history: 13 years' follow-up of 68,000 Norwegian men and women 35-49 years," *J. Clin. Epidemiology* 46, 475-87, 1993.

USDHHS, *The health benefits of smoking cessation: A report of the Surgeon General*, 1990, Washington, D. C., Government Printing Office, 1990.

218

USDHHS, *The health consequences of smoking: A report of the Surgeon General*, 2004, Washington, D. C., Government Printing Office, 2004.

Valadkhani, A., "Goods and Services Tax Effects on Goods and Services Included in the Consumer Price Index Basket," *The Economic Record*, 81(255), 104-114, 2005.

van Walbeek C. P., "Effective development policies require political will: The example of tobacco control in South Africa," *IDRC Seminar*, 2001.

van Walbeek C. P., "The framework convention on tobacco control" The Economics of Tobacco Control in South Africa Project, 2000.

Veierod M. B., Laake P., Thelle D. S., "Dietary fat intake and risk of prostate cancer: a prospective study of 25,708 Norwegian men," *Int. J. Cancer*, 73(5), 634-638, 1997.

Wannamethee S. G., Shaper A. G., Whincup P. H., Walker M. "Smoking cessation and the risk of stroke in middle-aged men," *JAMA*, 274(2), 155-160, 1995.

Warner K. E., Chaloupka F. J., Cook P. J., Manning W. G., Newhouse J. P., Novotny T. E., Schelling T. C., Townsend J., "Criteria for determining an optimal cigarette tax: the economist's perspective," *Tobacco Control* 4, 380-386, 1995.

Warner K. E., Hodgson T. A., Carroll C. E., "The medical costs of smoking in the United States: Estimates, their validity, and their implications," *Tobacco Control*, 8, 290-300, 1999.

Warner KE. The role of research in international tobacco control. American Journal of Public Health 2005;95(6):976-84

WHO, *Regional Office for Europe Third action plan for a tobacco-free Europe*, 2002.

WHO *Tobacco taxes still not high enough to save lives*, 2002.

Wilkins N., Yurekli A., Hu T. W., *Economic analysis of tobacco demand World bank*, 2002.

Wilson, N., and G. Thomson, "Tobacco taxation and public health: ethical problems, policy reponses," *Social Science & Medicine* 2005.

World Bank, Curbing the epidemic : *Governments and the economics of tobacco control* 1999.

Gajalakshmi C. K., Jha P., Ranson K., Nguyen, *Global patterns of smoking attributable mortality. Tobacco control in developing countries*, World Bank, 2000.

Wu A. H., Paganini-Hill A., Ross R. K., Henderson B. E., "Alcohol, physical activity and other risk factors for colorectal cancer: a prospective study," British Journal of

Cancer 55(6), 687-694, 1987.

Yun Y. H., Jung K. W., Bae J. M., Lee J. S., Shin S. A., Min Park S., Yoo T., Huh B. Y., "Cigarette smoking and cancer incidence risk in adult men: National Health Insurance Corporation Study," Cancer Detect. Prev. 29(1), 15-24, 2005.

Zambon P., Talamini R., La Vecchia C., Dal Maso L., Negri E., Tognazzo S., Simonato L., Franceschi S., "Smoking, type of alcoholic beverage and squamous-cell oesophageal cancer in Northern Italy," *Int. J. Cancer,* 86(1), 144-149, 2000.

부 록 1

<table>
<tr><td>담배가격에 대한 인식 및 태도 조사(코딩가이드)</td></tr>
</table>

○○님 안녕하십니까?

저는 사회여론조사 전문기관인 ㈜아이클릭의 면접원 □□□입니다.

금번 저희 회사에서는 패널 여러분들의 담배가격에 대한 인식 및 태도를 알아보기 위해 전화조사를 실시하고 있습니다.

○○님께서는 ○○님의 참여 의향에 따라 조사 대상자로 최종 선정되셨으며, 향후 실시될 2회의 전화조사에 꼭 참여해 주시기 바랍니다.

○○님께서 응답해 주신 내용은 담배와 관련된 연구 목적으로 활용될 것입니다.

아울러, 통계법 제13조, 제14조의 규정에 따라 조사 참여 응답자의 신분은 철저히 보장되며, 응답 내용은 통계 분석 이외에 절대 사용하지 않을 것임을 약속드립니다.

바쁘시겠지만, 잠시 시간을 내시어 응답해 주시면 대단히 감사하겠습니다.

2004년 12월 (주)아이클릭 02-3453-7552

SQ1. 성별(※ 면접원 기재)

□ ① 남자　　　□ ② 여자(☞ 면접 중단) SQ1

SQ2. 선생님의 '연세'는 현재 만으로 어떻게 되십니까?

〔만＿＿＿＿＿＿SQ2＿＿＿＿＿＿세〕

SQ3. 응답자 현 거주 지역(※ 면접원 기재)

□ ① 서울　　□ ② 인천　　□ ③ 경기

응답자 성명		응답자 전화번호	
면접원 성명		검　증	

문1. 귀하께서는 현재 담배를 피우고 계십니까?q1

　　　□ ① 매일 피우고 있다(☞ 문2로)

　　　□ ② 가끔 피우는 날이 있다(☞ 문2로)

　　　□ ③ 과거에는 피웠으나 현재는 피우지 않는다(☞ 문12로)

　　　□ ④ 피운 적이 전혀 없거나, 아주 드물게 피웠을 뿐 정기

　　　　　적으로 피운 적이 없다(☞ 문15로)

【문1의 ①, ② 흡연자 대상】

문2. 귀하께서 현재 주로 피우고 계신 담배는 무엇입니까?

　　　(　　　　q2　　　　)

문3. 귀하께서 하루 평균 피우시는 담배 개비 수는 얼마나 됩니까?

(q3   개비)

(※ 1갑은 20개비입니다. 예를 들어 한 갑 반이라 하면 30개비를 의미합니다)

문4. 귀하께서 담배를 피우신 기간은 모두 얼마나 됩니까?

(q4   년)

문5. 귀하께서는 지금까지 금연을 시도한 적이 몇 번이나 되십니까? q5

　□ ① 없다　　　□ ② 1-2회

　□ ③ 3-4회　　　□ ④ 5회 이상

문6. 그렇다면 귀하께서는 앞으로 담배를 끊거나 줄이실 생각이 있으십니까? q6

　□ ① 담배를 끊을 생각이 있다

　□ ② 담배를 줄일 생각이 있다

　□ ③ 담배를 끊거나 줄일 생각이 없다

　□ ④ 잘 모르겠다(읽지 말 것)

문7. 귀하께서는 현재 담배가격 수준이 어떻다고 생각하십니까? q7

　□ ① 비싸다　　　□ ② 적당하다

　□ ③ 싸다　　　　□ ④ 잘 모르겠다(읽지 말 것)

문8. 귀하께서는 흡연을 줄이기 위한 목적으로 담배가격을 인상하는 것에 대해 어떻게 생각하십니까? q8

☐ ① 찬성한다　　☐ ② 반대한다

☐ ③ 잘 모르겠다(읽지 말 것)

문9. 그렇다면 귀하께서는 흡연을 줄이기 위한 목적으로 금연구역 확대, 금연캠페인 등 다른 조치를 강화하는 것에 어떻게 생각하십니까? q9

☐ ① 찬성한다　　☐ ② 반대한다

☐ ③ 잘 모르겠다(읽지 말 것)

문10. 귀하께서는 담배가격이 500원 인상되는 것이 본인이 담배를 끊는데 어느 정도 영향을 미칠 것으로 생각하십니까? q10

☐ ① 크게 영향을 미칠 것이다

☐ ② 어느 정도 영향을 미칠 것이다

☐ ③ 별로 영향을 미치지 못할 것이다

☐ ④ 거의 영향을 미치지 못할 것이다

☐ ⑤ 잘 모르겠다(읽지 말 것)

문11. 그렇다면 귀하께서는 담배가격이 500원 인상되는 것이 주위 사람들이 담배를 줄이는 데 어느 정도 영향을 미칠 것으로 생각하십니까? q11

☐ ① 크게 영향을 미칠 것이다

☐ ② 어느 정도 영향을 미칠 것이다

☐ ③ 별로 영향을 미치지 못할 것이다

☐ ④ 거의 영향을 미치지 못할 것이다

☐ ⑤ 잘 모르겠다(읽지 말 것)

【☞ 흡연자는 통계 DQ1로 가세요.】

【문1의 ③ 금연자 대상】

문12. 귀하께서 금연을 하신 기간은 몇 년이나 되셨습니까?

（   q12   년）

문13. 귀하께서는 과거 담배를 하루 평균 몇 개비 정도나 피우셨
습니까?

（   q13   개비）

（※ 1갑은 20개비입니다. 예를 들어 한 갑 반이라 하면 30개비를
의미합니다）

문14. 귀하께서 과거 담배를 피우신 기간은 모두 얼마나 됩니까?

（   q14   년）

【문1의 ③, ④ 금연자 및 비흡연자 대상】

문15. 귀하께서는 앞으로 담배를 피울 생각이 있으십니까? q15

　　□ ① 피울 생각이 있다

　　□ ② 상황에 따라 담배를 피우게 될 수도 있다

　　□ ③ 담배를 피울 생각이 없다

　　□ ④ 잘 모르겠다(읽지 말 것)

문16. 귀하께서는 현재 담배가격 수준이 어떻다고 생각하십니까? q16

　　□ ① 비싸다　　　□ ② 적당하다　　　□ ③ 싸다

　　□ ④ 잘 모르겠다(읽지 말 것)

문17. 귀하께서는 흡연을 줄이기 위한 목적으로 담배가격을 인상하는 것에 대해 어떻게 생각하십니까? q17

　　□ ① 찬성한다　　　□ ② 반대한다

　　□ ③ 잘 모르겠다(읽지 말 것)

문18. 그렇다면 귀하께서는 흡연을 줄이기 위한 목적으로 금연구역 확대, 금연캠페인 등 다른 조치를 강화하는 것에 대해 어떻게 생각하십니까? q18

　　□ ① 찬성한다　　　□ ② 반대한다

　　□ ③ 잘 모르겠다(읽지 말 것)

문19. 귀하께서는 담배가격이 500원 인상되는 것이 본인이나 다른 사람들이 담배를 피우는 것을 막는 데 어느 정도 영향을 미칠 것으로 생각하십니까? q19

□ ① 크게 영향을 미칠 것이다

□ ② 어느 정도 영향을 미칠 것이다

□ ③ 별 영향을 미치지 못할 것이다

□ ④ 전혀 영향을 미치지 못할 것이다

□ ⑤ 잘 모르겠다(읽지 말 것)

■ 다음은 통계처리를 위한 질문입니다.

DQ1. 귀하의 최종 학력은 어떻게 되십니까? dq1

□ ① 중졸 이하   □ ② 고졸   □ ③ 대졸 이상

DQ2. 귀하께서는 현재 어떤 직업에 종사하고 계십니까? dq2

□ ① 전문/자유직   □ ② 사무/기술직

□ ③ 경영/관리직   □ ④ 판매/서비스직

□ ⑤ 일용/작업직   □ ⑥ 생산/운수직

□ ⑦ (전업)주부   □ ⑧ 대학(원)생

□ ⑨ 자영업   □ ⑩ 무직

□ ⑪ 농림축수산업   □ ⑫ 기타 _____

DQ3. 귀하를 포함한 귀 댁의 월평균 가구소득은 얼마나 되십니까? dq3

상여금, 부수입 등을 모두 포함해서 월평균을 말씀해 주십시오.

☐ ① 95만 원 미만   ☐ ② 95~195만 원 미만

☐ ③ 195~295만 원 미만   ☐ ④ 295~395만 원 미만

☐ ⑤ 395~495만 원 미만   ☐ ⑥ 495만 원 이상

※ 끝까지 응답해 주셔서 대단히 감사합니다. ※

담배가격에 대한 인식 및 태도 조사(2차)

○○님 안녕하십니까?

저는 사회여론조사 전문기관인 ㈜아이클릭의 면접원 □□□ 입니다.

금번 저희 회사에서는 패널 여러분들의 담배가격에 대한 인식 및 태도를 알아보기 위한 2차 전화조사를 실시하고 있습니다.

○○님께서는 ○○님의 참여 의향에 따라 지난 12월 1차 조사에 응해 주셨고, 이번 2차 조사 대상자로 선정되셨으며, 향후 실시될 1회의 전화조사에 꼭 참여해 주시기 바랍니다.

○○님께서 응답해 주신 내용은 담배와 관련된 연구 목적으로 활용될 것입니다.

아울러, 통계법 제13조, 제14조의 규정에 따라 조사 참여 응답자의 신분은 철저히 보장되며, 응답 내용은 통계 분석 이외에 절대 사용하지 않을 것임을 약속드립니다.

바쁘시겠지만, 잠시 시간을 내시어 응답해 주시면 대단히 감사하겠습니다.

2005년 1월 (주)아이클릭 02-3453-7552

SQ1. 성별(※ 면접원 기재)

□ ① 남자　　　□ ② 여자(☞ 면접 중단)

SQ2. 선생님의 '연세'는 현재 만으로 어떻게 되십니까?

〔만＿＿＿＿＿＿＿＿＿＿＿세〕

SQ3. 응답자 현 거주 지역(※ 면접원 기재)

□ ① 서울　　□ ② 인천　　□ ③ 경기

응답자 성명		응답자 전화번호	
면접원 성명		검　증	

☞ 2004년 12월 1차 조사 시 흡연자는 문1번으로,

금연자 또는 비흡연자는 문9번으로 가세요.

2004년 12월 1차 조사 시 흡연자 대상

문1. 현재 선생님의 흡연 상황은 어떻습니까?

　　□ ① 흡연을 중단했다(☞ 문6으로)

　　□ ② 피우는 담배의 양(개비 수)을 줄였다(☞ 문2로)

　　□ ③ 예전과 비슷한 양의 담배를 피우고 있다(☞ 문2로)

　　□ ④ 예전보다 담배의 양이 더 늘었다(☞ 문2로)

【문1의 ②, ③, ④ '현재 흡연자' 대상】

문2. 선생님께서 피우시는 담배 종류가 바뀌셨습니까?

　　□ ① 예 〔⇒ 그렇다면 바뀌신 담배 이름은 무엇입니까?

　　　　　　　　　　　(　　　　　　　　) 〕

　　□ ② 아니요

문3. 선생님께서 하루 평균 피우시는 담배 개비 수는 얼마나 됩니까?

　　(　　　　　　　개비)

(※ 1갑은 20개비입니다. 예를 들어 한 갑 반이라 하면 30개비를 의미합니다)

문4. 그렇다면 선생님께서는 앞으로 담배를 끊거나 줄이실 생각이 있으십니까?

　　□ ① 담배를 끊을 생각이 있다

　　□ ② 담배를 줄일 생각이 있다

　　□ ③ 담배를 끊거나 줄일 생각이 없다

　　□ ④ 잘 모르겠다(읽지 말 것)

문5. 향후 담배가격을 추가로 500원 더 인상한다면, 선생님께서 금연을 하시거나 흡연량을 줄이는 데 얼마나 영향을 미칠 것이라고 생각하십니까?

　　□ ① 크게 영향을 미칠 것이다

□ ② 어느 정도 영향을 미칠 것이다

□ ③ 별로 영향을 미치지 못할 것이다

□ ④ 거의 영향을 미치지 못할 것이다

□ ⑤ 잘 모르겠다(읽지 말 것)

(☞ 문1의 ③, ④ 응답자는 문14로 가세요)

【문1의 ①, ② '금연 또는 흡연량이 줄어든 응답자' 대상】

문6. 선생님께서 흡연을 중단하시거나 피우는 담배의 양을 줄이신 가장 큰 이유는 무엇입니까?

□ ① 건강에 해롭기 때문에

□ ② 가족, 동료 등 주위 사람들의 권유 때문에

□ ③ 간접흡연 등으로 인해 다른 사람들에게 피해를 끼치기 때문에

□ ④ 비싼 담배가격으로 인한 경제적 부담 때문에

□ ⑤ 특별한 이유는 없다

□ ⑥ 기타 (   )

문7. 지난 12월말 담배가격인상이 선생님께서 흡연을 중단하시거나 피우는 담배의 양을 줄이는 계기가 되었다고 생각하십니까?

□ ① 그렇다   □ ② 아니다

문8. 그렇다면 선생님께서 흡연을 중단하시거나 피우는 담배의
　　 양을 줄이는 데 지난 12월 말 담배가격인상이 어느 정도 영
　　 향을 주었다고 생각하십니까?

　　　□ ① 크게 영향을 주었다
　　　□ ② 어느 정도 영향을 준 편이다
　　　□ ③ 별로 영향을 주지 못한 편이
　　　□ ④ 전혀 영향을 주지 못했다
　　　□ ⑤ 잘 모르겠다(읽지 말 것)

(☞ 문14로 가세요)

2004년 12월 1차 조사 시 금연자 또는 비흡연자 대상

문9. 선생님께서는 현재 담배를 피우고 계십니까?

　　　□ ① 매일 피우고 있다(☞ 문10으로)
　　　□ ② 가끔 피우는 날이 있다(☞ 문10으로)
　　　□ ③ 피우지 않고 있다(☞ 문14로)

【문9의 ①, ② '흡연자' 대상】

10. 선생님께서 현재 주로 피우고 계신 담배는 무엇입니까?

　　　(　　　　　　　　　)

문11. 선생님께서 하루 평균 피우시는 담배 개비 수는 얼마나 됩니까?
  (개비)
(※ 1갑은 20개비입니다, 예를 들어 한 갑 반이라 하면 30개비를
의미합니다)

문12. 그렇다면 선생님께서는 앞으로 담배를 끊거나 줄이실 생각
  이 있으십니까?
  □ ① 담배를 끊을 생각이 있다
  □ ② 담배를 줄일 생각이 있다
  □ ③ 담배를 끊거나 줄일 생각이 없다
  □ ④ 잘 모르겠다(읽지 말 것)

문13. 향후 담배가격을 추가로 500원 더 인상한다면, 선생님께서
  금연을 하시거나 흡연량을 줄이는 데 얼마나 영향을 미칠
  것이라고 생각하십니까?
  □ ① 크게 영향을 미칠 것이다
  □ ② 어느 정도 영향을 미칠 것이다
  □ ③ 별로 영향을 미치지 못할 것이다
  □ ④ 거의 영향을 미치지 못할 것이다
  □ ⑤ 잘 모르겠다(읽지 말 것)

【전체 응답자 대상】

문14. 선생님께서는 지난 12월말 담배가격을 500원 인상한 것이
　　　주위의 다른 사람들이 담배를 피우는 것을 막는 데 어느
　　　정도 영향을 미쳤다고 생각하십니까?
　　　☐ ① 크게 영향을 미쳤다
　　　☐ ② 어느 정도 영향을 미쳤다
　　　☐ ③ 별로 영향을 미치지 못했다
　　　☐ ④ 전혀 영향을 미치지 못했다
　　　☐ ⑤ 잘 모르겠다(읽지 말 것)

문15. 선생님께서는 현재 담배가격 수준이 어떻다고 생각하십니까?
　　　☐ ① 비싸다　　☐ ② 적당하다　　☐ ③ 싸다
　　　☐ ④ 잘 모르겠다(읽지 말 것)

　　■ 다음은 통계처리를 위한 질문입니다.

DQ1. 귀하의 최종 학력은 어떻게 되십니까?
　　　☐ ① 중졸 이하　　　☐ ② 고졸
　　　☐ ③ 대재　　　　　☐ ④ 대졸 이상

DQ2. 귀하께서는 현재 어떤 직업에 종사하고 계십니까?
　　　☐ ① 전문/자유직　　　☐ ② 사무/기술직

□ ③ 경영/관리직   □ ④ 판매/서비스직

□ ⑤ 일용/작업직   □ ⑥ 생산/운수직

□ ⑦ 대학(원)생   □ ⑧ 자영업

□ ⑨ 농림축수산업   □ ⑩ 무직

□ ⑪ 기타(_____)

DQ3. 귀하를 포함한 귀 댁의 월평균 가구소득은 얼마나 되십니까?

상여금, 부수입 등을 모두 포함해서 월평균을 말씀해 주십시오.

□ ① 95만 원 미만   □ ② 95~195만 원 미만

□ ③ 195~295만 원 미만   □ ④ 295~395만 원 미만

□ ⑤ 395~495만 원 미만   □ ⑥ 495만 원 이상

※ 끝까지 응답해 주셔서 대단히 감사합니다. ※

담배가격에 대한 인식 및 태도 조사(3차)

○○님 안녕하십니까?

저는 사회여론조사 전문기관인 ㈜아이클릭의 면접원 □□□입니다.

금번 저희 회사에서는 패널 여러분들의 담배가격에 대한 인식 및 태도를 알아보기 위한 3차 전화조사를 실시하고 있습니다.

○○님께서는 ○○님의 참여 의향에 따라 지난 12월, 1월 조사에 응해 주셨고, 이번 3차 조사 대상자로 선정되셨으며, 향후 실시될 1회의 전화조사에 꼭 참여해 주시기 바랍니다.

○○님께서 응답해 주신 내용은 담배와 관련된 연구 목적으로 활용될 것입니다.

아울러, 통계법 제13조, 제14조의 규정에 따라 조사 참여 응답자의 신분은 철저히 보장되며, 응답 내용은 통계 분석 이외에 절대 사용하지 않을 것임을 약속드립니다.

바쁘시겠지만, 잠시 시간을 내시어 응답해 주시면 대단히 감사하겠습니다.

2005년 3월 (주)아이클릭 02-3453-7552

SQ1. 성별(※ 면접원 기재)

□ ① 남자　　　□ ② 여자(☞ 면접 중단) SQ1

SQ2. 선생님의 '연세'는 현재 만으로 어떻게 되십니까?

〔만＿＿＿＿＿＿SQ2＿＿＿＿＿＿세〕

SQ3. 응답자 현 거주 지역(※ 면접원 기재)

□ ① 서울　□ ② 인천　□ ③ 경기

응답자 성명		응답자 전화번호	
면접원 성명		검　증	

2004년 12월 1차 조사 흡연자 - 2005년 1월 2차 조사 흡연자 대상

문1. 현재 선생님의 흡연 상황은 어떻습니까?

　　□ ① 매일 피우고 있다

　　□ ② 가끔 피우는 날이 있다

　　□ ③ 피우지 않고 있다(☞ 문7로)

문2. 작년과 비교할 때, 흡연량이 얼마나 바뀌었습니까?

　　□ ① 작년과 비교할 때, 피우는 담배의 양(개비 수)을 줄였다

　　□ ② 작년과 비슷한 양의 담배를 피우고 있다

□ ③ 작년보다 담배의 양이 더 늘었다

문3. 선생님께서 피우시는 담배 종류가 올 1월과 비교할 때 바뀌었습니까?

　　□ ① 예

　　□ ② 아니오

(피우시는 담배 이름은 무엇입니까?　　　　　　　　　　)

문4. 선생님께서 하루 평균 피우시는 담배 개비 수는 얼마나 됩니까?(　　　　　　개비)

(※ 1갑은 20개비입니다. 예를 들어 한 갑 반이라 하면 30개비를 의미합니다)

문5. 그렇다면 선생님께서는 앞으로 담배를 끊거나 줄이실 생각이 있으십니까?

　　□ ① 담배를 끊을 생각이 있다

　　□ ② 담배를 줄일 생각이 있다

　　□ ③ 담배를 끊거나 줄일 생각이 없다

　　□ ④ 잘 모르겠다(읽지 말 것)

문6. 향후 담배가격을 추가로 500원 더 인상한다면, 선생님께서 금연을 하시거나 흡연량을 줄이는 데 얼마나 영향을 미칠 것이라고 생각하십니까?

□ ① 크게 영향을 미칠 것이다

□ ② 어느 정도 영향을 미칠 것이다

□ ③ 별로 영향을 미치지 못할 것이다

□ ④ 거의 영향을 미치지 못할 것이다

□ ⑤ 잘 모르겠다(읽지 말 것)

【문1의 ③, 문2의 ① '금연 또는 흡연량이 줄어든 응답자' 대상】

문7. 선생님께서 흡연을 중단하시거나 피우는 담배의 양을 줄이신 가장 큰 이유는 무엇입니까? 가장 큰 이유라고 생각하시는 순서대로 3가지만 말씀해 주십시오.

1순위 : (   ),   2순위 : (   ),   3순위 : (   )

□ ① 건강에 해롭기 때문에

□ ② 가족, 동료 등 주위 사람들의 권유 때문에

□ ③ 간접흡연 등으로 인해 다른 사람들에게 피해를 끼치기 때문에

□ ④ 비싼 담배가격으로 인한 경제적 부담 때문에

□ ⑤ 특별한 이유는 없다

□ ⑥ 기타 (   )

문8. 지난 12월말 담배가격인상이 선생님께서 흡연을 중단하시거나 피우는 담배의 양을 줄이는 계기가 되었다고 생각하십니까?

□ ① 그렇다   □ ② 아니다

문9. 그렇다면 선생님께서 흡연을 중단하시거나 피우는 담배의 양을 줄이는 데 지난 12월말 담배가격인상이 어느 정도 영향을 주었다고 생각하십니까?

　　□ ① 크게 영향을 주었다

　　□ ② 어느 정도 영향을 준 편이다

　　□ ③ 별로 영향을 주지 못한 편이다

　　□ ④ 전혀 영향을 주지 못했다

　　□ ⑤ 잘 모르겠다(읽지 말 것)

2004년 12월 1차 조사 흡연자－2005년 1월 2차 조사 금연자 대상

문10. 현재 선생님의 흡연 상황은 어떻습니까?

　　□ ① 매일 피우고 있다

　　□ ② 가끔 피우는 날이 있다

　　□ ③ 피우지 않고 있다(☞ 문16로)

문11. 작년과 비교할 때, 흡연량이 얼마나 바뀌었습니까?

　　□ ① 작년과 비교할 때, 피우는 담배의 양(개비 수)을 줄였다

　　□ ② 작년과 비슷한 양의 담배를 피우고 있다

　　□ ③ 작년보다 담배의 양이 더 늘었다

문12. 현재 피우시는 담배는 예전에 피우시던 담배입니까?

　　□ ① 예　　　□ ② 아니오

(피우시는 담배 이름은 무엇입니까?   )

문13. 선생님께서 하루 평균 피우시는 담배 개비 수는 얼마나 됩니까?(개비)

(※ 1갑은 20개비입니다, 예를 들어 한 갑 반이라 하면 30개비를 의미합니다)

문14. 그렇다면 선생님께서는 앞으로 담배를 끊거나 줄이실 생각이 있으십니까?

□ ① 담배를 끊을 생각이 있다

□ ② 담배를 줄일 생각이 있다

□ ③ 담배를 끊거나 줄일 생각이 없다

□ ④ 잘 모르겠다(읽지 말 것)

문15. 향후 담배가격을 추가로 500원 더 인상한다면, 선생님께서 금연을 하시거나 흡연량을 줄이는 데 얼마나 영향을 미칠 것이라고 생각하십니까?

□ ① 크게 영향을 미칠 것이다

□ ② 어느 정도 영향을 미칠 것이다

□ ③ 별로 영향을 미치지 못할 것이다

□ ④ 거의 영향을 미치지 못할 것이다

□ ⑤ 잘 모르겠다(읽지 말 것)

【문10의 ③, 문11의 ① '금연 또는 흡연량이 줄어든 응답자' 대상】

문16. 선생님께서 흡연을 중단하시거나 피우는 담배의 양을 줄이
　　 신 가장 큰 이유는 무엇입니까? 가장 큰 이유라고 생각하
　　 시는 순서대로 3가지만 말씀해 주십시오.
　　 1순위 : (　　　　), 2순위 : (　　　　), 3순위 : (　　　　)
　　 □ ① 건강에 해롭기 때문에
　　 □ ② 가족, 동료 등 주위 사람들의 권유 때문에
　　 □ ③ 간접흡연 등으로 인해 다른 사람들에게 피해를 끼
　　　　 치기 때문에
　　 □ ④ 비싼 담배가격으로 인한 경제적 부담 때문에
　　 □ ⑤ 특별한 이유는 없다
　　 □ ⑥ 기타 (　　　　　　　　　　　　　　　)

문17. 지난 12월말 담배가격인상이 선생님께서 피우는 담배의 양
　　 을 줄이는 계기가 되었다고 생각하십니까?
　　 □ ① 그렇다　　　　　□ ② 아니다

문18. 그렇다면 선생님께서 피우는 담배의 양을 줄이는 데 지난 12월
　　 말 담배가격인상이 어느 정도 영향을 주었다고 생각하십니까?
　　 □ ① 크게 영향을 주었다
　　 □ ② 어느 정도 영향을 준 편이다
　　 □ ③ 별로 영향을 주지 못한 편이다

□ ④ 전혀 영향을 주지 못했다

□ ⑤ 잘 모르겠다(읽지 말 것)

2004년 12월 1차 조사 금연자 또는 비흡연자

- 2005년 1월 2차 조사 금연자 또는 비흡연자

문19. 현재 선생님의 흡연 상황은 어떻습니까?

□ ① 매일 피우고 있다

□ ② 가끔 피우는 날이 있다

□ ③ 피우지 않고 있다(☞ 문32로)

문20. 선생님께서 현재 주로 피우고 계신 담배는 무엇입니까?

(   )

문21. 선생님께서 하루 평균 피우시는 담배 개비 수는 얼마나 됩니까?(개비)

(※ 1갑은 20개비입니다, 예를 들어 한 갑 반이라 하면 30개비를 의미합니다)

문22. 그렇다면 선생님께서는 앞으로 담배를 끊거나 줄이실 생각이 있으십니까?

□ ① 담배를 끊을 생각이 있다

□ ② 담배를 줄일 생각이 있다

□ ③ 담배를 끊거나 줄일 생각이 없다

□ ④ 잘 모르겠다(읽지 말 것)

문23. 향후 담배가격을 추가로 500원 더 인상한다면, 선생님께서 금연을 하시거나 흡연량을 줄이는 데 얼마나 영향을 미칠 것이라고 생각하십니까?

□ ① 크게 영향을 미칠 것이다

□ ② 어느 정도 영향을 미칠 것이다

□ ③ 별로 영향을 미치지 못할 것이다

□ ④ 거의 영향을 미치지 못할 것이다

□ ⑤ 잘 모르겠다(읽지 말 것)

2004년 12월 1차 조사 금연자 또는 비흡연자

- 2005년 1월 2차 조사 흡연자

문24. 선생님께서는 현재 담배를 피우고 계십니까?

□ ① 매일 피우고 있다

□ ② 가끔 피우는 날이 있다

□ ③ 피우지 않고 있다(☞ 문29로)

【문24의 ①, ② '흡연자' 대상】

문25. 선생님께서 현재 주로 피우고 계신 담배는 무엇입니까?

(   )

문26. 선생님께서 하루 평균 피우시는 담배 개비 수는 얼마나 됩
니까?(개비)

 (※ 1갑은 20개비입니다, 예를 들어 한 갑 반이라 하면 30개비
를 의미합니다)

문27. 그렇다면 선생님께서는 앞으로 담배를 끊거나 줄이실 생각
이 있으십니까?
   □ ① 담배를 끊을 생각이 있다
   □ ② 담배를 줄일 생각이 있다
   □ ③ 담배를 끊거나 줄일 생각이 없다
   □ ④ 잘 모르겠다(읽지 말 것)

문28. 향후 담배가격을 추가로 500원 더 인상한다면, 선생님께서
금연을 하시거나 흡연량을 줄이는 데 얼마나 영향을 미칠
것이라고 생각하십니까?
   □ ① 크게 영향을 미칠 것이다
   □ ② 어느 정도 영향을 미칠 것이다
   □ ③ 별로 영향을 미치지 못할 것이다
   □ ④ 거의 영향을 미치지 못할 것이다
   □ ⑤ 잘 모르겠다(읽지 말 것)

【 문10의 ③, 문11의 ① '금연 또는 흡연량이 줄어든 응답자' 대상 】

문29. 선생님께서 흡연을 중단하시거나 피우는 담배의 양을 줄이
　　　신 가장 큰 이유는 무엇입니까? 가장 큰 이유라고 생각하
　　　시는 순서대로 3가지만 말씀해 주십시오.
　　　1순위 : (　　　　), 　2순위 : (　　　　), 　3순위 : (　　　　)
　　　□ ① 건강에 해롭기 때문에
　　　□ ② 가족, 동료 등 주위 사람들의 권유 때문에
　　　□ ③ 간접흡연 등으로 인해 다른 사람들에게 피해를 끼
　　　　　치기 때문에
　　　□ ④ 비싼 담배가격으로 인한 경제적 부담 때문에
　　　□ ⑤ 특별한 이유는 없다
　　　□ ⑥ 기타 (　　　　　　　　　　)

문30. 지난 12월말 담배가격인상이 선생님께서 흡연을 중단하시거
　　　나 피우는 담배의]양을 줄이는 계기가 되었다고 생각하십
　　　니까?
　　　□ ① 그렇다　　　　　□ ② 아니다

문31. 그렇다면 선생님께서 흡연을 중단하시거나 피우는 담배의
　　　양을 줄이는 데 지난 12월 말 담배가격인상이 어느 정도
　　　영향을 주었다고 생각하십니까?
　　　□ ① 크게 영향을 주었다
　　　□ ② 어느 정도 영향을 준 편이다
　　　□ ③ 별로 영향을 주지 못한 편이다
　　　□ ④ 전혀 영향을 주지 못했다

□ ⑤ 잘 모르겠다(읽지 말 것)

【전체 응답자 대상】

문32. 선생님께서는 지난 12월말 담배가격을 500원 인상한 것이
주위의 다른 사람들이 담배를 피우는 것을 막는 데 어느
정도 영향을 미쳤다고 생각하십니까?
□ ① 크게 영향을 미쳤다
□ ② 어느 정도 영향을 미쳤다
□ ③ 별로 영향을 미치지 못했다
□ ④ 전혀 영향을 미치지 못했다
□ ⑤ 잘 모르겠다(읽지 말 것)

문33. 선생님께서는 현재 담배가격 수준이 어떻다고 생각하십니까?
□ ① 비싸다　　□ ② 적당하다　　□ ③ 싸다
□ ④ 잘 모르겠다(읽지 말 것)

■ 다음은 통계처리를 위한 질문입니다.

DQ1. 귀하의 최종 학력은 어떻게 되십니까?
□ ① 중졸 이하　　　　□ ② 고졸
□ ③ 대재　　　　　　□ ④ 대졸 이상

DQ2. 귀하께서는 현재 어떤 직업에 종사하고 계십니까?

□ ① 전문/자유직   □ ② 사무/기술직

□ ③ 경영/관리직   □ ④ 판매/서비스직

□ ⑤ 일용/작업직   □ ⑥ 생산/운수직

□ ⑦ 대학(원)생   □ ⑧ 자영업

□ ⑨ 농림축수산업   □ ⑩ 무직

□ ⑪ 기타(_____)

DQ3. 귀하를 포함한 귀 댁의 월평균 가구소득은 얼마나 되십니까?

상여금, 부수입 등을 모두 포함해서 월평균을 말씀해 주십시오.

□ ① 95만 원 미만   □ ② 95~195만 원 미만

□ ③ 195~295만 원 미만   □ ④ 295~395만 원 미만

□ ⑤ 395~495만 원 미만   □ ⑥ 495만 원 이상

※ 끝까지 응답해 주셔서 대단히 감사합니다. ※

담배가격에 대한 인식 및 태도 조사(4차)

○○님 안녕하십니까?

저는 사회여론조사 전문기관인 ㈜아이클릭의 면접원 □□□ 입니다.

금번 저희 회사에서는 패널 여러분들의 담배가격에 대한 인식 및 태도를 알아보기 위한 4차 전화조사를 실시하고 있습니다.

○○님께서는 ○○님의 참여 의향에 따라 지난 12월, 1월, 3월 조사에 응해 주셨고, 이번 4차 조사 대상자로 선정되셨습니다.

○○님께서 응답해 주신 내용은 담배와 관련된 연구 목적으로 활용될 것입니다.

아울러, 통계법 제13조, 제14조의 규정에 따라 조사 참여 응답자의 신분은 철저히 보장되며, 응답 내용은 통계 분석 이외에 절대 사용하지 않을 것임을 약속드립니다.

바쁘시겠지만, 잠시 시간을 내시어 응답해 주시면 대단히 감사하겠습니다.

2005년 6월 (주)아이클릭 02-3453-7552

SQ1. 성별(※ 면접원 기재)

□ ① 남자   □ ② 여자(☞ 면접 중단)

SQ2. 선생님의 '연세'는 현재 만으로 어떻게 되십니까?

〔만_____세〕

SQ3. 응답자 현 거주 지역(※ 면접원 기재)

□ ① 서울   □ ② 인천   □ ③ 경기

응답자 성명		응답자 전화번호	
면접원 성명		검 증	

1그룹. 1차('04.12) 흡연－2차('05.1.) 흡연－3차('05.3.) 흡연 대상
2그룹. 1차('04.12) 흡연－2차('05.1.) 흡연－3차('05.3.) 금연 대상
3그룹. 1차('04.12) 흡연－2차('05.1.) 금연－3차('05.3.) 흡연 대상
4그룹. 1차('04.12) 흡연－2차('05.1.) 금연－3차('05.3.) 금연 대상
※ 동일한 문항으로 조사하되, 결과 제시는 각 그룹별로
구분해서 제시 요망

문1. 현재 선생님의 흡연 상황은 어떻습니까?

　　□ ① 매일 피우고 있다

　　□ ② 가끔 피우는 날이 있다

　　□ ③ 피우지 않고 있다(☞ 문7로)

문2. (문1에서 ①, ②로 응답한 현재 흡연자만을 대상으로) 작년
　　과 비교할 때, 흡연량이 얼마나 바뀌었습니까?
　　　□ ① 작년과 비교할 때, 피우는 담배의 양(개비 수)을 줄였다
　　　□ ② 작년과 비슷한 양의 담배를 피우고 있다
　　　□ ③ 작년보다 담배의 양이 더 늘었다

문3. 선생님께서 피우시는 담배는 예전에 피우시던 담배입니까?
　　　□ ① 예
　　　□ ② 아니오
　　　(피우시는 담배 이름은 무엇입니까?　　　　　　　　)

문4. 선생님께서 하루 평균 피우시는 담배 개비 수는 얼마나 됩
　　니까?(　　　　　　개비)
(※ 1갑은 20개비입니다. 예를 들어 한 갑 반이라 하면 30개비를
의미합니다)

문5. 그렇다면 선생님께서는 앞으로 담배를 끊거나 줄이실 생각
　　이 있으십니까?
　　　□ ① 담배를 끊을 생각이 있다
　　　□ ② 담배를 줄일 생각이 있다
　　　□ ③ 담배를 끊거나 줄일 생각이 없다
　　　□ ④ 잘 모르겠다(읽지 말 것)

문6. 향후 담배가격을 추가로 500원 더 인상한다면, 선생님께서 금연을 하시거나 흡연량을 줄이는 데 얼마나 영향을 미칠 것이라고 생각하십니까?

□ ① 크게 영향을 미칠 것이다

□ ② 어느 정도 영향을 미칠 것이다

□ ③ 별로 영향을 미치지 못할 것이다

□ ④ 거의 영향을 미치지 못할 것이다

□ ⑤ 잘 모르겠다(읽지 말 것)

【문1의 ③, 문2의 ① '금연 또는 흡연량이 줄어든 응답자'대상】

문7. 선생님께서 흡연을 중단하시거나 피우는 담배의 양을 줄이신 가장 큰 이유는 무엇입니까? 가장 큰 이유라고 생각하시는 순서대로 3가지만 말씀해 주십시오.

1순위 : (   ),   2순위 : (   ),   3순위 : (   )

□ ① 건강에 해롭기 때문에

□ ② 가족, 동료 등 주위 사람들의 권유 때문에

□ ③ 간접흡연 등으로 인해 다른 사람들에게 피해를 끼치기 때문에

□ ④ 비싼 담배가격으로 인한 경제적 부담 때문에

□ ⑤ 특별한 이유는 없다

□ ⑥ 기타 (   )

문8. 지난 12월말 담배가격인상이 선생님께서 흡연을 중단하시거나
   피우는 담배의 양을 줄이는 계기가 되었다고 생각하십니까?
   □ ① 그렇다   □ ② 아니다

문9. 그렇다면 선생님께서 흡연을 중단하시거나 피우는 담배의
   양을 줄이는 데 지난 12월 말 담배가격인상이 어느 정도 영
   향을 주었다고 생각하십니까?
   □ ① 크게 영향을 주었다
   □ ② 어느 정도 영향을 준 편이다
   □ ③ 별로 영향을 주지 못한 편이다
   □ ④ 전혀 영향을 주지 못했다
   □ ⑤ 잘 모르겠다(읽지 말 것)

[문10은 2그룹과 4그룹 대상자 중 금번 조사에서도 금연 상태를
 유지하고 있는 응답자만을 대상]

문10. 선생님께서 흡연 중단 이후 금연 상태를 유지하는데, 지난
   12월 말 담배가격인상이 어느 정도 영향을 주었다고 생각
   하십니까?
   □ ① 크게 영향을 주었다
   □ ② 어느 정도 영향을 준 편이다
   □ ③ 별로 영향을 주지 못한 편이다
   □ ④ 전혀 영향을 주지 못했다
   □ ⑤ 잘 모르겠다(읽지 말 것)

5그룹. 1차('04.12) 비흡연-2차('05.1.) 비흡연-3차('05.3.) 비흡연 대상

6그룹. 1차('04.12) 비흡연-2차('05.1.) 비흡연-3차('05.3.) 흡연 대상

7그룹. 1차('04.12) 비흡연-2차('05.1.) 흡연-3차('05.3.) 비흡연 대상

8그룹. 1차('04.12) 비흡연-2차('05.1.) 흡연-3차('05.3.) 흡연 대상

※ 동일한 문항으로 조사하되, 결과 제시는 각 그룹별로

구분해서 제시 요망

문11. 현재 선생님의 흡연 상황은 어떻습니까?

   □ ① 매일 피우고 있다

   □ ② 가끔 피우는 날이 있다

   □ ③ 피우지 않고 있다(☞ 6, 7, 8그룹은 문16으로) (5그룹은 문20으로)

문12. 선생님께서 현재 주로 피우고 계신 담배는 무엇입니까?

   (   )

문13. 선생님께서 하루 평균 피우시는 담배 개비 수는 얼마나 됩니까?(개비)

(※ 1갑은 20개비입니다. 예를 들어 한 갑 반이라 하면 30개비를 의미합니다)

문14. 그렇다면 선생님께서는 앞으로 담배를 끊거나 줄이실 생각이 있으십니까?

□ ① 담배를 끊을 생각이 있다

□ ② 담배를 줄일 생각이 있다

□ ③ 담배를 끊거나 줄일 생각이 없다

□ ④ 잘 모르겠다(읽지 말 것)

문15. 향후 담배가격을 추가로 500원 더 인상한다면, 선생님께서 금연을 하시거나 흡연량을 줄이는 데 얼마나 영향을 미칠 것이라고 생각하십니까?

□ ① 크게 영향을 미칠 것이다

□ ② 어느 정도 영향을 미칠 것이다

□ ③ 별로 영향을 미치지 못할 것이다

□ ④ 거의 영향을 미치지 못할 것이다

□ ⑤ 잘 모르겠다(읽지 말 것)

【문10의 ③, 문11의 ① '금연 또는 흡연량이 줄어든 응답자' 대상】

문16. 선생님께서 흡연을 중단하시거나 피우는 담배의 양을 줄이신 가장 큰 이유는 무엇입니까? 가장 큰 이유라고 생각하시는 순서대로 3가지만 말씀해 주십시오.

1순위 : (   ),   2순위 : (   ),   3순위 : (   )

□ ① 건강에 해롭기 때문에

□ ② 가족, 동료 등 주위 사람들의 권유 때문에

□ ③ 간접흡연 등으로 인해 다른 사람들에게 피해를 끼치

기 때문에

□ ④ 비싼 담배가격으로 인한 경제적 부담 때문에

□ ⑤ 특별한 이유는 없다

□ ⑥ 기타 (   )

문17. 지난 12월말 담배가격인상이 선생님께서 흡연을 중단하시거나
　　 피우는 담배의 양을 줄이는 계기가 되었다고 생각하십니까?

□ ① 그렇다　　　　□ ② 아니다

문18. 그렇다면 선생님께서 흡연을 중단하시거나 피우는 담배의
　　 양을 줄이는 데 지난 12월 말 담배가격인상이 어느 정도
　　 영향을 주었다고 생각하십니까?

□ ① 크게 영향을 주었다

□ ② 어느 정도 영향을 준 편이다

□ ③ 별로 영향을 주지 못한 편이다

□ ④ 전혀 영향을 주지 못했다

□ ⑤ 잘 모르겠다(읽지 말 것)

[문19는 7그룹 중 금번 조사에서 금연 상태를 유지하고 있는 응
답자만을 대상]

문19. 선생님께서 흡연 중단 이후 금연 상태를 유지하는데, 지난
　　 12월 말 담배가격인상이 어느 정도 영향을 주었다고 생각
　　 하십니까?

□ ① 크게 영향을 주었다

□ ② 어느 정도 영향을 준 편이다

□ ③ 별로 영향을 주지 못한 편이다

□ ④ 전혀 영향을 주지 못했다

□ ⑤ 잘 모르겠다(읽지 말 것)

【전체 응답자 대상】

문20. 선생님께서는 지난 12월말 담배가격을 500원 인상한 것이
　　　 주위의 다른 사람들이 담배를 피우는 것을 막는 데 어느
　　　 정도 영향을 미쳤다고 생각하십니까?

□ ① 크게 영향을 미쳤다

□ ② 어느 정도 영향을 미쳤다

□ ③ 별로 영향을 미치지 못했다

□ ④ 전혀 영향을 미치지 못했다

□ ⑤ 잘 모르겠다(읽지 말 것)

문21. 선생님께서는 지난 12월말 담배가격을 500원 인상한 것이
　　　 청소년이 담배를 피우는 것을 막는 데 어느 정도 영향을
　　　 미쳤다고 생각하십니까?

□ ① 크게 영향을 미쳤다

□ ② 어느 정도 영향을 미쳤다

□ ③ 별로 영향을 미치지 못했다

□ ④ 전혀 영향을 미치지 못했다

□ ⑤ 잘 모르겠다(읽지 말 것)

문22. 선생님께서는 현재 담배가격 수준이 어떻다고 생각하십니까?

□ ① 비싸다   □ ② 적당하다   □ ③ 싸다

□ ④ 잘 모르겠다(읽지 말 것)

■ 다음은 통계처리를 위한 질문입니다.

DQ1. 귀하의 최종 학력은 어떻게 되십니까?

□ ① 중졸 이하   □ ② 고졸

□ ③ 대재   □ ④ 대졸 이상

DQ2. 귀하께서는 현재 어떤 직업에 종사하고 계십니까?

□ ① 전문/자유직   □ ② 사무/기술직

□ ③ 경영/관리직   □ ④ 판매/서비스직

□ ⑤ 일용/작업직   □ ⑥ 생산/운수직

□ ⑦ 대학(원)생   □ ⑧ 자영업

□ ⑨ 농림축수산업   □ ⑩ 무직

□ ⑪ 기타(_____)

DQ3. 귀하를 포함한 귀 댁의 월평균 가구소득은 얼마나 되십니까?
상여금, 부수입 등을 모두 포함해서 월평균을 말씀해 주십시오.

    □ ① 95만 원 미만   □ ② 95~195만 원 미만

    □ ③ 195~295만 원 미만   □ ④ 295~395만 원 미만

    □ ⑤ 395~495만 원 미만   □ ⑥ 495만 원 이상

※ 끝까지 응답해 주셔서 대단히 감사합니다. ※

· 저자 ·

· 약 력 ·   **김원년**

고려대학교 정경대학 통계학과 졸업
고려대학교 일반대학원 경제학 석사
미국 하와이 주립대학교 경제학 박사
고려대학교 경제학과 교수
한국기술교육대학교 이사
한국인구학회 이사
리더십학회 이사

서정하

이화여자대학교 법정대학 비서학과 졸업
홍익대학교 대학원 경영학 석사
홍익대학교 대학원 경영학 박사
청주대학교 경영학과 교수
리더십학회 총무

이진석

고려대학교 의과대학 졸업
서울대학교 의과대학 의료관리학 교실 전공의 수료
서울대학교 대학원 의학과 의료관리학 의학박사
서울대학교 의과대학 의료관리학교실 조교수
충북대학교 의과대학 의료정보학 및 관리학 교실 전임강사

담배수요감소의 경제적 편익 분석

• 초판 인쇄	2006년 11월 20일
• 초판 발행	2006년 11월 20일
• 지 은 이	김원년, 서정하, 이진석
• 펴 낸 이	채종준
• 펴 낸 곳	한국학술정보㈜
	경기도 파주시 교하읍 문발리 526-2
	파주출판문화정보산업단지
	전화 031) 908-3181(대표) · 팩스 031) 908-3189
	홈페이지 http://www.kstudy.com
	e-mail(출판사업부) publish@kstudy.com
• 등 록	제일산-115호(2000. 6. 19)
• 가 격	27,000원

ISBN   89-534-5946-X 93320 (Paper Book)
          89-534-5947-8 98320 (e-Book)